Ulrike Quast

Metaphorische Geschichten für die pädagogische Praxis

Ulrike Quast

Metaphorische Geschichten für die pädagogische Praxis

OLZOG

Bibliografische Information der Deutschen Nationalbibliothek

Die Deutsche Nationalbibliothek verzeichnet diese Publikation in der Deutschen Nationalbibliografie; detaillierte bibliografische Daten sind im Internet über http://dnb.ddb.de abrufbar.

ISBN: 978-3-7892-1752-4
© Olzog Verlag GmbH, München 2010

Aus pragmatischen Gründen werden im theoretischen Teil dieses Werks ausschließlich männliche Formen verwendet. Wir hoffen sehr, dass unsere Leserinnen Verständnis dafür haben.

Projektleitung und Redaktion: Verena Geiger, Olzog Verlag
Illustrationen: Jutta Garbert
Layout/Satz: Doris Ott, Olzog Verlag
Druck- und Bindearbeiten: Kessler Druck + Medien, Bobingen

Von jeher haben Geschichten eine wichtige Rolle in der Erziehung von Menschen gespielt. Sie tragen in entscheidendem Maße dazu bei, dass Menschen über sich selbst nachdenken, ihre persönliche Situation und ihre Beziehungen zu anderen reflektieren und, wenn erforderlich, neue Ideen entwickeln sowie persönliche und soziale Veränderungsprozesse in Gang setzen.

Geschichten schaffen – eingebettet in weitere pädagogische Maßnahmen – eine Voraussetzung dafür, junge Menschen bei ihrer Entwicklung, Reifung und Selbstverwirklichung zu unterstützen. Es handelt sich hierbei um eine besondere Art der Erziehung. Sie erfolgt nicht durch die direktive Einflussnahme „mit dem erhobenen Zeigefinger", sondern auf einem indirekten Weg der Förderung und Lenkung von Entwicklungs- und Veränderungsprozessen.

Dies wird dadurch realisiert, dass die Geschichte eine Analogie zur realen Situation des Lernenden liefert. Dessen Analyse, Fühlen, Empfinden, Denken und Handeln beruhen dann auf der Identifikation mit den Protagonisten bzw. den Handlungsabläufen und entwickeln sich daraus. Diese indirekte, auf das Unterbewusste der Lernenden gerichtete Methode erweist sich als weitaus effektiver als direktive, rein rationale Erziehungsansätze.

Das vorliegende Buch enthält 37 Geschichten, die aus meiner persönlichen Erfahrung, der Beobachtung meiner Mitmenschen und aus meiner langjährigen pädagogischen Praxis entstanden sind. Das Werk richtet sich an Lehrer, Erzieher, Beratungslehrer und Coachs, die dem ganzheitlichen Lernen besonders verbunden sind. Die Geschichten lassen sich immer dann in den Unterricht oder die Beratung integrieren, wenn Stagnationen auftreten, Konflikte bestehen, die Lernenden für Probleme oder besondere Verhaltensweisen sensibilisiert bzw. zum Umdenken oder für neue Ideen motiviert werden sollen.

Der erste Teil des Buches beinhaltet zum einen eine kurze theoretische Einführung in die Thematik. Zum anderen erhält der Leser neben empfohlenen Altersangaben einen Leitfaden, wie und in welchem Kontext die Geschichten in der pädagogischen Praxis angewandt werden können. Zu diesem Zweck sind die Geschichten den folgenden zehn Themenkomplexen zugeordnet:

a)   Entwicklung und Selbstverwirklichung
b)   Individuation und Selbstbestimmung
c)   Beharren vs. Wandel
d)   Identität und Selbstwertgefühl

e)   Kontrollüberzeugungen und Verantwortlichkeit
f)   Handlungsmotivation
g)   Werte und Lebensziele
h)   Problem- und Krisenmanagement
i)   Angst- und Stressbewältigung
j)   Sozial-emotionale Kompetenz

Der zweite Teil des Buches umfasst die Geschichten selbst. Einen Großteil davon habe ich bereits in vielen pädagogischen Situationen (im Schulunterricht, in Seminaren, Lehrerfortbildungen, Fortbildungen für Schüler) vorgelesen oder erzählt. Es war faszinierend wahrzunehmen, welche unterschiedlichen Interpretationen, Gefühle, Empfindungen, Assoziationen, Schlussfolgerungen oder sogar Handlungsvorsätze sie auslösten. Diese stehen jeweils im engen Zusammenhang mit der aktuellen persönlichen Situation des Rezipienten und gehen weit über meine beim Schreiben verfolgten inhaltlichen Absichten bzw. über die oben genannten Themenkomplexe hinaus. So „entstehen" für jeden Leser, Rezipienten bzw. Lernenden individuelle Geschichten, die dann interiorisiert und in die eigene Lern- und Lebensgeschichte eingebettet werden.

Ich wünsche Ihnen viel Spaß beim Lesen, Hören oder Weiterentwickeln der Geschichten bzw. bei deren Anwendung in Kontexten, die der Erziehung, der Förderung, der Unterstützung und der Lebenshilfe von heranwachsenden und sich weiterentwickelnden Menschen dienen.

Ulrike Quast

Inhaltsverzeichnis

Quast · Metaphorische Geschichten für die pädagogische Praxis

Einleitung

Geschichten, Märchen, Fabeln und Parabeln – sie begleiten uns seit unserer Kindheit, sie verzaubern unser Leben und entrücken uns in eine Welt der Träume und der Fantasie. Und doch sind diese Geschichten wahr. Sie sind metaphorische Wirklichkeit.

Wir nehmen am Geschehen aktiv teil, indem Geschichten eine **Projektionsfläche** dafür bieten, dass wir unsere Freuden, unsere Glücksmomente, unsere Ängste und Unsicherheiten (er)leben, ausleben und Erlebtes mit neuen Erfahrungen bereichern können. Geschichten lassen uns eintauchen in gewünschte Situationen, in Visionen und Utopien. Wir werden zu Helden und Rettern, zu Weisen und Tatkräftigen, zu Liebenden und Geliebten.

Geschichten ermöglichen uns, Entscheidungen zu treffen, Alternativen zu testen, den „richtigen Weg" zu gehen. Aber wir werden auch erleben, was mit uns geschieht, wenn wir uns selbst oder andere verraten, wenn wir unsere eigene Person oder andere zu wenig wertschätzen, wenn wir uns überschätzen oder unsere Chancen vertun.

Träumen, sich verlieren, aus der Realität hinaustreten in eine unwirklich-wirkliche Welt – das geht einher mit einem regressiven, tranceartigen Erleben. Regression bedeutet jedoch nicht das Rückorientieren auf infantile Verhaltensmuster. Vielmehr werden **Potenziale** geweckt, werden Seiten unseres Selbst (wieder) wirksam, die unter dem Schleier der Vernunft geschlummert haben. Wenn wir die in den Geschichten vermittelte Realität mit den staunenden, neugierigen Augen eines Kindes betrachten, wenn wir dann wieder auftauchen und hinaustreten, um unabhängig und vorurteilsfrei auf unser eigenes Leben zuzusteuern, können wir über uns selbst hinauswachsen. Wir werden befähigt, aus der Begrenztheit unserer Möglichkeiten auszubrechen wie der Spross aus dem Samenkorn.

Denn Geschichten haben etwas mit dem Schöpferischen zu tun: Sie verleihen uns Impulse, um neue Wege zu bahnen, interessante Einsichten zu gewinnen und uns auf bisher ungeahnte Perspektiven zu besinnen. Durch die Identifikation mit den Protagonisten werden wir zu Bildhauern des Lebens. Wie Steinmetze den Stein, so bearbeiten wir das eigene Lebenswerk, meißeln neue Gestaltungen und Formen in das Kunstwerk „Leben", verfeinern, vervollkommnen, entwickeln. Aber wir reißen auch ein, werfen um und fangen ganz neu an, wenn es das Schicksal von uns erfordert.

Doch nicht das Rationale steht uns zur Seite. Vielmehr berührt die Geschichte die unbewussten Anteile unserer Persönlichkeit. Sie wirkt im Verborgenen unserer Seele, in den „Tiefen" unseres Selbst und hinterlässt dort ihre unauslöschbaren Spuren, die eines Tages daraus aufsteigen und hervortreten. Die Geschichte selbst bringt Licht in das Dunkel, schafft „Erleuchtung" und lässt uns wachsen, reifen und weiser werden.

Der Weg zur Weisheit wird dabei nicht im Selbstlauf gebahnt, sondern indem wir uns mit den Geschichten auseinandersctzen, uns auf ihre Botschaft einlassen und die metaphorisch vermittelte, persönliche (Lebens-)Wirklichkeit annehmen. Geschichten zeigen uns Widersprüche auf, führen uns zu den Hindernissen unserer Entwicklung, bringen uns unsere Widerstände nahe. Aber wir finden auch mögliche Lösungen. Oft sind sie verschlüsselt und versteckt wie der Inhalt einer versiegelten Schatztruhe. Diese Truhe dürfen wir nicht gewaltsam öffnen. Ihr Inhalt wird sich uns mit Geduld und Einsicht, mit Gefühls- und Verstandesarbeit auf geheimnisvolle Weise erschließen.

So wird die Geschichte zu einem Freund und Wegbegleiter, zu einem Lehrmeister und Therapeuten. Sie weist hin, deutet an, lenkt beiläufig – hier verschmitzt, da humorvoll, ab und zu schelmisch und manchmal sarkastisch. Man kann wählen, den Rat, das Gebot, die Warnung, die Versuchung anzunehmen, zu verwerfen oder umzudeuten.

Und vielleicht kommt einem dabei in den Sinn:

Geschichten sind (dein) Leben.
Dein Leben ist eine Geschichte,
wirklich-fantastisch, fantastisch-wirklich.
Träume sie und lebe sie.

1. Theoretische Prämissen

1.1 Geschichten als pädagogisches Mittel – historischer Exkurs

Geschichten, Märchen, Fabeln und Parabeln als Metaphern im Sinne der Erziehung, Entwicklung und Veränderung von Vorstellungen sowie der Verhaltenslenkung zu verwenden, basiert auf einer Tradition, die sehr weit zurückreicht (vgl. z.B. Platons „Höhlengleichnis", die Gleichnisse Jesu und Buddhas, die Erzählungen Homers und die Fabeln Äsops).

Bei der **Märchensammlung „Tausendundeine Nacht"** handelt es sich um die erste pädagogisch-psychologische Intervention mithilfe von Geschichten, die uns heute noch dokumentiert vorliegt. Der Sultan, verbittert durch den Ehebruch seiner Frau, tötet diese und ihren Liebhaber. Dabei schwört er, sich nie wieder in die Situation zu bringen, von einer Frau betrogen zu werden. Er setzt dies in die Tat um, indem er jede Nacht eine Jungfrau zu sich bittet und sie am nächsten Morgen umbringt. Als die Reihe an Scheherazade ist, erzählt sie ihm in der ersten Nacht eine spannende Geschichte. Doch noch bevor diese zu Ende ist, bricht der Morgen an. Um den Ausgang der Geschichte zu erfahren, verschont sie der Sultan und bittet sie, die Geschichte am nächsten Abend fortzusetzen. So kommt es, dass Scheherazade jede Nacht weitererzählt, ohne das Ende der Geschichte(n) zu verraten.

Diese Geschichten sind insofern pädagogisch, als sie die Situation des Sultans und dessen Grausamkeit metaphorisch darstellen. Der Sultan durchläuft dabei einen Veränderungsprozess und entwickelt sich zum Positiven. Außerdem zeigt die Handlung die Raffinesse der Frauen, die am Ende aufgegeben wird (vgl. Revenstorf/Peter, 2001).

1.2 Definition und Eigenschaften metaphorischer Geschichten

Wodurch zeichnen sich metaphorische Geschichten aus? Es sind Geschichten, Märchen, Fabeln und Parabeln, die auf übertragene Weise aktuelle persönliche Problemlagen und Konflikte, aber auch generalisierte kritische Beziehungs- und Interaktionsmuster sowie soziale Konstellationen aufzeigen. Gleichzeitig wird auf mögliche Lösungen und Bewältigungsstrategien hingewiesen (vgl. Lankton/Lankton, 2000). Die in den Geschichten vorkommenden Personen und Ereignisse repräsentieren die in der realen Situation auftretenden Personen und Vorkommnisse. Diese **analoge Darstellung** wird als **„Isomorphismus"** bezeichnet (vgl. Gordon, 1990).

aktuelle Situation		Geschichte
Personen 1 bis n	→	Charaktere 1 bis n
Problem	→	analoges Problem
Vorkommnisse 1 bis n	→	analoge Ereignisse 1 bis n
analoge Lösung des Problems	←	Lösungsstrategie

Metaphorische Geschichten lassen sich im **Unterricht** oder in der **Beratung** verwenden, um Nachdenken und Umdenken anzuregen und zu lenken. Die Geschichten liefern dabei Lösungsstrategien und Veränderungsangebote in den folgenden **Bereichen**:

• Gefühlsbereich (Angst, Wut, Liebe, ambivalente Gefühle etc.)
• Einstellungsbereich (Einstellung zu sich selbst und gegenüber anderen, Lebenseinstellung)
• kognitiver Bereich (Problemsensibilität und -wahrnehmung, Denken, Interpretieren und Lösen von Problemen)
• Verhaltensbereich
• Bereich der Kommunikation und sozialen Interaktion

Zusätzlich kommt eigens von Pädagogen verfassten Geschichten noch eine weitere Rolle zu, nämlich **fachspezifische Inhalte** auf originäre Weise darzustellen und zu vermitteln (vgl. Punkt b) auf S. 13).

1.3 Funktionen von Geschichten im pädagogischen Kontext

„Ein guter Lehrer wird Geschichten erzählen. [...] Geschichten treiben uns um, nicht Fakten. [...] Einzelheiten machen nur im Zusammenhang Sinn, und es ist dieser Zusammenhang, dieser Sinn, der die Einzelheiten interessant macht. Und nur dann, wenn die Fakten in diesem Sinn interessant sind, werden wir sie auch behalten [...]." (Spitzer, 2007, S. 35)

Metaphorische Geschichten üben u.a. folgende Funktionen aus:

a) **Die Beschäftigung mit Geschichten ermöglicht ganzheitliche Prozesse der Informationsverarbeitung und des Lernens.**

Wie aus neuen Untersuchungen der Hirnforschung hervorgeht, werden Informationen beim Lesen von Geschichten nicht einfach passiv aufgenommen. Stattdessen wird jede darin neu auftretende Situation **mental simuliert**. In bildgebenden Verfahren wurde eruiert, dass bei der Verarbeitung von Geschichten dieselben neuronalen Netzwerke aktiviert werden, die auch mit der tatsächlichen sinnlichen Wahrnehmung, mit Bewegungen und dem aktiven Handeln korrelieren (vgl. Speer/Reynolds/Swallow/Zacks, 2009). In diesem Sinne werden Geschichten im Gehirn multimodal repräsentiert und führen dementsprechend zur Stimulierung unterschiedlicher Wahrnehmungs- und Gedächtnissysteme.

b) Die Geschichte transportiert didaktische Inhalte.

Geschichten (vom Pädagogen selbst verfasst) können zur Stoffvermittlung, zur Wiederholung oder zur globalen Integration fachlicher Inhalte verwendet werden. Die in Form einer Geschichte, eines Märchens, einer Fabel etc. aufbereiteten sachbezogenen Themen ermöglichen, dass Inhalte reichhaltig und ganzheitlich erfahren werden (kognitiv, emotional, durch multisensorische Vorstellungen). Auf diese Weise schlagen Geschichten eine Brücke zwischen bewusst-analytischer und unbewusst-rezeptiver Informationsverarbeitung und bilden ein Phänomen reichhaltiger ab als ein Sachtext.

c) Die Geschichte dient dem literarischen Lernen (vgl. Born, 1986).

Metaphorische Geschichten tragen zum kritischen, bewertenden und interpretierenden Verstehen und Lesen bei. Darüber hinaus führt die Beschäftigung mit Geschichten dazu, dass Lernende sich produktiv-kreativ und experimentell damit auseinandersetzen und die Inhalte bearbeiten. Dies kann u.a. durch das Umschreiben oder Weiterentwickeln des Geschehens, durch Rollenspiele oder strukturierte Kontroversen geschehen (vgl. Punkt d) auf Seite 15f.).

d) Die Geschichte wird zum Gegenstand der Sozialkritik (vgl. Born, 1986).

Mithilfe von Geschichten werden aktuelle soziale Probleme und Ereignisse auf metaphorische Weise gespiegelt. Gleichzeitig erfährt der Leser Grenzen und Stagnationstendenzen, aber auch mögliche Lösungen sozialer Konflikte oder Alternativen. Die Auseinandersetzung mit den sozialen Gegebenheiten, die in der Geschichte analog zur Realität dargestellt werden, bildet den Hintergrund für den kreativen Umgang mit der Geschichte. Dies kann z.B. durch ihre Aktualisierung und Neuformulierung mit Bezug auf die realen sozialen Bedingungen und Verhältnisse erfolgen.

e) Die Geschichte fungiert als Entwicklungshilfe (vgl. Born, 1986).

Die Geschichte dient als Projektionsfläche für innere Vorgänge. Der Lernende projiziert auf die Figuren eigene (auch nicht akzeptierte) Vorstellungen, Haltungen, Empfindungen, Konflikte, Probleme sowie eigenes Verhalten. Diese erschließen sich ihm durch Identifikation (vgl. Petzold, 1973). Gleichzeitig erfährt er alternative Haltungen und Einstellungen, Möglichkeiten zur Problem- und Konfliktbearbeitung bzw. deren Lösung. Die Geschichte trägt somit zur Selbsterkenntnis, Veränderung und Reifung der Persönlichkeit sowie zur Sinnfindung bei.

f) **Die Geschichte unterstützt Erziehungsprozesse (vgl. Born, 1986).**

Besonders bei Verhaltensauffälligkeiten, aber auch beim sozialen Lernen kommt Geschichten als erzieherisches Mittel eine entscheidende Bedeutung zu. Das Potenzial der Geschichte liegt dabei nicht in der direkten Unterweisung, sondern in der **indirekten Art der Intervention**. Motive und Gestalten werden vom Lernenden selbst entschlüsselt, ohne dass eine Fremddeutung stattfindet (vgl. Lückel, 1979). Auch die Lösungen von Konflikten und Problemen erfährt der Lernende wie „nebenbei". Damit wird ein möglicher Widerstand umgangen, und die in der Geschichte vermittelten Werte, Einstellungen und Lebensweisheiten können vom Lernenden mehr oder weniger unbewusst verinnerlicht werden.

Den Pädagogen selbst lehren die metaphorischen Geschichten, „den Einzelnen [...] ein Stück weit geduldiger, verständnisvoller, hoffnungsfreudiger, ja humorvoller zu begleiten, als es in einer weniger ‚märchenhaften' [...] Betrachtung seiner Person und seines Lebensweges der Fall sein müsste" (Drewermann, 1991, S. 8).

g) **Die Geschichte fördert das Situations-, Prozess- und Selbstmanagement im pädagogischen Kontext.**

Geschichten lassen sich in Unterricht und Beratung integrieren, um problematische Situationen zu spiegeln und die **konstruktive Auseinandersetzung** der Beteiligten anzuregen. Die Erzählungen können dazu beitragen, soziale Konflikte und Probleme zu klären und das Gefühl sozialer Sicherheit und Integrität zu vermitteln.

Darüber hinaus sind inhaltlich geeignete Geschichten – ähnlich wie Fantasiereisen (vgl. Quast, 2005) oder das mentale Training – in pädagogischen **Anforderungssituationen** einsetzbar. Sie dienen dabei der Herbeiführung einer positiven Befindlichkeit (körperliche und psychische Entspannung, Stressreduzierung, Angstabbau), der Erfolgsmotivierung sowie der Vermittlung von Selbstwirksamkeit und Selbstvertrauen.

2. Praktische Hinweise für die Arbeit mit metaphorischen Geschichten

2.1 Phasen der pädagogischen Arbeit

Die pädagogische Arbeit mit Geschichten kann in folgenden Schritten ablaufen:

a) Hinführung

In dieser Phase finden zunächst die Zielvorgabe und die Einstimmung auf die Geschichte durch den Lehrenden statt. Danach können Instruktionen folgen, welche die Entspannung der Zuhörer herbeiführen oder fördern, wie z.B.: „Setze dich bequem hin. Wenn du möchtest, kannst du den Kopf auf den Tisch legen und deine Augen schließen. Und nun stell dir einmal vor ..." (vgl. ausführlich Quast, 2005).

Es ist auch möglich, während dieser Phase entspannende Musik einzuspielen (z.B. R. Mohlzahn: Moondance, M. Buntrock: Relax, A. Stein: Frühlings-morgen/Sommerabend).

b) Vortrag und Rezeption

Nun trägt der Pädagoge (oder ein Schüler) die Geschichte vor. Während der Rezeption wird jeder einzelne Schüler intensive Erfahrungen machen. Er erlebt die Handlung und identifiziert sich mit einer oder mehreren Figuren. Verschiedene Empfindungen, Assoziationen und Gefühle werden in ihm geweckt. Metaphorische Geschichten führen zu einer Art „Aha-Erlebnis", welches als Ausgangspunkt für Entwicklungs- und Veränderungsprozesse genutzt werden kann. Während dieser Phase kann weiterhin entspannende Musik gespielt werden.

c) Zurückführung

Anschließend sollen die Lernenden wieder „auftauchen". Diese Aktivierung kann durch Instruktionen des Pädagogen unterstützt werden: „Bewege deine Arme und Beine, erst ein bisschen, dann ein wenig intensiver. Atme tief durch. Und wenn deine Augen geschlossen waren, kannst du sie nun wieder öffnen" (vgl. ausführlich Quast, 2005). Die Musik wird allmählich ausgeblendet.

d) Handlung

In dieser entscheidenden Phase erfolgt die kritisch-kreative Auseinander-setzung mit den erlebten Inhalten und Gestalten. Dafür eignen sich diverse Methoden:

- Nacherzählung bzw. Fortsetzung der Geschichte
- Rollenspiel
- Gestaltung eines Bildes oder einer Collage
- „Blitzlicht"
- Brainstorming
- Brainwriting
- Erstellung eines Clusters bzw. einer Mindmap zu Schlüsselbegriffen
- Diskussion oder strukturierte Kontroverse
- Multi-Interview zu von den Lernenden formulierten, inhalts-
  bezogenen Fragen
- Entwicklung eines Lernspiels etc.

Für eine solche Übung eignet sich ein Sitzkreis. Diese geschlossene, „kollekti-ve" Form bietet günstige Voraussetzungen für gruppendynamische Prozesse und interaktive Möglichkeiten der Reflexion, des Austauschs und der Bearbeitung der durch die Geschichte gemachten Erfahrungen.

2.2 Thematische Bezüge der vorliegenden Geschichten

Im Folgenden werden die Themen und Problemstellungen aufgezeigt, von denen bei der Entwicklung der in diesem Buch enthaltenen Geschichten ausge-gangen wurde. Die Themenbereiche sind als Vorschläge zu betrachten.

a) Entwicklung und Selbstverwirklichung

Die Geschichten handeln davon, wie verschiedene Gestalten und Figuren ihre Träume verwirklichen, wie sie ihre Visionen leben, wie sie sich selbst finden und weiterentwickeln. Es geht aber auch um die Gefahren, Ängste und Widerstände (von innen und außen), denen sich ein jeder auf dem Weg sei-ner individuellen, selbstbestimmten Entwicklung zu stellen hat. Ein Samenkorn muss sich seinen Weg durch das Erdreich bahnen, um frei weiterzuwachsen. Ein Gänseblümchen „br[icht] aus sich hervor" (S. 32) und wächst dem Licht entgegen. Eine kleine Brise entwickelt sich zu einem mächtigen Orkan. Ein Fluss bahnt sich ein neues Flussbett, um sich ungehindert durch die Landschaft zu schlängeln. Eine Spinne zerschlägt ihre Netze, in welche sie sich eingesponnen hatte.

Das Ziel der Selbstverwirklichung zählt zu den wesentlichen Anliegen eines jeden. Laut der **Hierarchie der Bedürfnisse** (vgl. Maslow, 2002) stellt die Selbstverwirklichung sogar das oberste Bedürfnis des Menschen dar. Man kann erst dorthin gelangen, wenn untergeordnete Ziele, wie z.B. Sicherheit und soziale Bedürfnisse, erreicht wurden.

Die Selbstverwirklichung eines jeden Kindes und Jugendlichen gilt als ein humanistisches Ziel in der Pädagogik, das gegenwärtig an Bedeutung gewonnen hat. Die **individuelle Förderung** als Beitrag zur Entfaltung der Persönlichkeit, der Entwicklung von Selbstständigkeit und Selbstverantwortung gehört heute zum Bildungsauftrag von Schulen und anderen pädagogischen Einrichtungen. Sie ist zum zentralen Schlüssel unserer Wissensgesellschaft geworden, wie es in einer Rede des Koordinators der Pisa-Studien, Andreas Schleicher, heißt (vgl. Schleicher, 2007).

> Geschichten:
> Das Gänseblümchen; Das Samenkorn; Die kleine Brise; Wie der Fluss begradigt wurde; Winfriedes Aufbruch

b) Individuation und Selbstbestimmung

Eng mit dem obigen Thema verbunden sind die Inhalte der hier aufgezeigten Geschichten. Sie beziehen sich auf den **Balanceakt zwischen Individuation und Anpassung**, wie er u.a. meisterhaft im Hermann-Hesse-Lesebuch „Eigensinn macht Spaß" zum Ausdruck kommt: „‚Sei du selbst', ist das ideale Gesetz, zu mindest für den jungen Menschen, es gibt keinen andern Weg zur Wahrheit und zur Entwicklung" (Hesse, 1995, S. 7).

Die Protagonisten dieser Geschichten erspüren, erkennen und entfalten ihre eigenen Potenziale, ihre Fähigkeiten und Kräfte, um zu dem zu werden, was sie wirklich sind. Einige von ihnen haben diesen Prozess schon durchlaufen und leben ihre Individualität, ihr Selbst aus (vgl. „Der komische Kauz", „Der Trotzkopf", „Janis bleibt"). Andere befinden sich auf dem Weg dahin (vgl. „Die kleine Brise"). Manchen ist es nicht gelungen, ihren eigenen Weg zu finden (vgl. „Der Luftballon", „Die Schattenmenschen").

Die Geschichten thematisieren aber auch das Spannungsverhältnis zwischen Selbst- und Fremdbestimmung. Individuation und Selbstbestimmung gehen einher. Dabei können Erziehung und Pädagogik im Allgemeinen und die hier vorliegenden Geschichten im Besonderen dazu beitragen, die Heranwachsenden in ihrem Emanzipationsprozess und ihrer Entwicklung zu autonomen Persönlichkeiten zu fördern. Wie bei den Gestalten in den Geschichten bildet die allmähliche Distanzierung von fremdbestimmten Einstellungen (vgl. „Die Narren") und Aktivitäten (vgl. „Das Gänseblümchen", „Das Samenkorn", „Die Zauberkugel", „Wie der Fluss begradigt wurde", „Wie Ohnhaus zu seinem Panzer kam") die Grundlage dafür, dass junge Menschen zu Personen heranwachsen, die ihre Lebensentscheidungen autonom treffen.

> Geschichten:
> Das Gänseblümchen; Das Samenkorn; Der komische Kauz; Der Luftballon; Der Trotzkopf; Die kleine Brise; Die Narren; Die Schattenmenschen; Die Zauberkugel; Janis bleibt; Wie der Fluss begradigt wurde; Wie Ohnhaus zu seinem Panzer kam

c) Beharren vs. Wandel

„Es ist nicht gesagt, dass es besser wird, wenn es anders wird. Wenn es aber besser werden soll, muss es anders werden."
(Georg Christoph Lichtenfels)

In der humanistischen Pädagogik und Psychologie gilt der Wandel als etwas Unvermeidbares. Das Leben wird als fortwährender Prozess begriffen. Wandel, Entwicklung und Veränderung zählen zu den positiv besetzten Werten. Der Mensch wird als ein **kreativer Gestalter seiner eigenen Existenz** betrachtet (vgl. Hutterer, 1998). Das Prinzip des Wandels knüpft unmittelbar am Bildungs- und Erziehungsauftrag unserer Schulen an, der u.a. darin besteht, „die Entfaltung" und „die Selbstständigkeit" der „Entscheidungen und Handlungen" der jungen Generation zu fördern (vgl. Schulgesetz für das Land Nordrhein-Westfalen vom 15.2.2005).

Die zu dieser Thematik gehörenden Geschichten zeigen den Widerspruch zwischen dem Beharren bzw. dem existenziellen Stillstand und dem Wandel bzw. der Veränderung der individuellen Lebenslage auf. Wie die Geschichten zum Ausdruck bringen, bedarf es zunächst einmal der Auseinandersetzung mit der gegebenen Situation, um dann Wege und Möglichkeiten zu finden, sich aus dieser Situation, aus starren Routinen bzw. aus individuellen Entwicklungsstagnationen zu befreien. Hierfür ist es notwendig, sich von Ängsten und Unsicherheiten zu lösen, denn „kühner als das Unbekannte zu erforschen kann es sein, das Bekannte zu bezweifeln" (Kaspar). Es gehört dazu aber auch der Mut, sich auf Neues einzulassen und sich auf unbekanntes Terrain zu begeben. Ist ein solcher Prozess einmal vollzogen, erfahren die Protagonisten der Geschichten neue Chancen und Lebensperspektiven. Im Gegensatz dazu kann das Verharren zum Scheitern und Untergang führen (vgl. „Die Schattenmenschen").

> Geschichten:
> Bis zum Ende der Welt; Das Gänseblümchen; Das Samenkorn; Die drei Spiegel; Die kleine Brise; Die Schattenmenschen; Vom ehrgeizigen Hannes und genügsamen Michel; Wie der Fluss begradigt wurde; Winfriedes Aufbruch

d) Identität und Selbstwertgefühl

„Alle Erfahrungen, auch die Erfahrung von Identität oder von fehlender Identität, sind von Emotionen begleitet. Das begleitende Gefühl der Identität ist das Selbstwertgefühl." (Kast, 2003)

Die Förderung von Identität und Selbstwertgefühl zählt zu den wichtigsten erzieherischen Aufgaben, da sie entscheidende Faktoren für den schulischen und beruflichen Erfolg (vgl. Quast, 2011) und letztlich für die persönliche Lebensqualität darstellen.

Die Auswahl an Geschichten gruppiert sich um das Thema der Identität, um das Besondere und Einzigartige der Protagonisten. Die Hauptakteure müssen diese Identität finden, erkennen, wahrnehmen, akzeptieren und leben. Dieser Prozess ist ihre Chance. Sie müssen ihre eigenen Potenziale reflektieren bzw. entwickeln, denn nur der Glaube an sich selbst „versetzt Berge" (vgl. „Das Lied der Drossel – oder: Wie der Riese Ungestüm bekehrt wurde", „Trau-mich-nicht-Rudis Wandlung").

Der Prozess der Identitätsfindung ist eine **Herausforderung** – gerade dann, wenn reales und ideales Selbst nicht übereinstimmen (vgl. „Das Gänseblümchen", „Das Märchen vom Stern Balthasar", „Das schwarze Schaf", „Der alte Baum, der fliegen wollte", „Der Esel und der Löwe (I)", „Der Esel und der Löwe (II)", „Die Wolke und das Meer", „Drachenblitz und Erde", „Wenn Zwerge heiraten"). Gleiches gilt bei einer Diskrepanz zwischen Selbst- und Fremdbild bzw. Selbst- und Fremderwartungen (vgl. „Das Gänseblümchen", „Das Samenkorn", „Der Trotzkopf", „Die drei Spiegel", „Die Zauberkugel", „Janis bleibt", „Vom Hasen mit dem langen und dem kurzen Ohr").

> Geschichten:
> Das Gänseblümchen; Das Lied der Drossel – oder: Wie der Riese Ungestüm bekehrt wurde; Das Märchen vom Stern Balthasar; Das Samenkorn; Das schwarze Schaf; Der alte Baum, der fliegen wollte; Der Esel und der Löwe (I); Der Esel und der Löwe (II); Der Trotzkopf; Die drei Spiegel; Die Wolke und das Meer; Die Zauberkugel; Drachenblitz und Erde; Janis bleibt; Trau-mich-nicht-Rudis Wandlung; Vom Hasen mit dem langen und dem kurzen Ohr; Wenn Zwerge heiraten

e) Kontrollüberzeugungen und Verantwortlichkeit

Kontrollüberzeugungen sind Erwartungshaltungen daran, welche Instanz für das eigene Verhalten verantwortlich ist. Besitzt eine Person eine internale Kontrollüberzeugung, so geht sie davon aus, dass sie selbst für ihr Handeln verantwortlich ist. Personen mit einer externalen Kontrollüberzeugung machen Leute mit Macht, den Zufall oder das Schicksal für ihr Verhalten und die Ergebnisse ihres Handelns verantwortlich (vgl. ausführlich Quast, 2011).

Wie oben erwähnt, gehört es zum Bildungsauftrag der Schulen, junge Menschen anzuregen und zu motivieren, Selbstverantwortung für ihr Handeln zu übernehmen. Schließlich sind es eher die Lernenden mit einer internalen Kontrollüberzeugung, die letztlich schulische Erfolge erbringen und schwierige Anforderungen meistern (vgl. ebd.).

In den dazugehörigen Geschichten wird deutlich, dass eine internale Kontrollüberzeugung und Selbstverantwortung keine gegebenen Ressourcen darstellen. Vielmehr müssen sich die Protagonisten eine solche Haltung erst erarbeiten. In diesem Prozess begegnen die Helden mächtigen und einflussreichen anderen, die sich ihnen jedoch weder in den Weg stellen noch ihnen ihre Verantwortung abnehmen können.

> Geschichten:
> Das Lied der Drossel – oder: Wie der Riese Ungestüm bekehrt wurde; Der Esel und der Löwe (I); Der Esel und der Löwe (II); Der komische Kauz; Die drei Spiegel; Die kleine Brise; Wie Ohnhaus zu seinem Panzer kam

f) Handlungsmotivation

Im schulischen Kontext wird zwischen der **intrinsischen Motivation** (Lernen zum Selbstzweck und aus Freude an der Sache) und der **extrinsischen Motivation** (Lernen zwecks Maximierung positiver bzw. Minimierung negativer Handlungsfolgen) unterschieden (vgl. Krapp/Weidenmann, 2006). Als förderlicher sowohl für die aktuelle Leistung als auch für das lebenslange Lernen erweist sich die intrinsische Motivation, da die Lernenden in diesem Fall vor allem aus Interesse und aus Freude lernen. Sie werden also vom Lernstoff an sich inspiriert und benötigen keine äußeren Anreize.

In den hier aufgeführten Geschichten wird das **Spannungsverhältnis** zwischen beiden Motivationsarten zum Ausdruck gebracht. So bricht sich das Samenkorn seinen Weg durch das Erdreich, weil es neugierig ist, was es draußen erwartet, und erfährt ein Glücksgefühl. Hannes, allein vom Ehrgeiz und nicht von der Freude an seiner Arbeit getrieben, versucht, seinen Fang immer weiter zu vergrößern. Er muss jedoch erfahren, dass er dabei nicht glücklich wird. Den Wettstreit um die schönste Dichtkunst gewinnt Muse, die mit Hingabe und Freude dichtet und komponiert. Konstantinus dagegen muss erleben, dass sein Streben nach Ruhm zum Scheitern führt. Ein Wanderer läuft allein aus innerem Antrieb und Wissbegier heraus bis ans Ende der Welt, wobei er an immer neuen Aussichtspunkten zu Wissen und Weisheit kommt.

> Geschichten:
> Bis zum Ende der Welt; Das Samenkorn; Der Wettstreit; Vom ehrgeizigen Hannes und genügsamen Michel

g) Werte und Lebensziele

Werte und Lebensziele beinhalten verschiedene Aspekte des Selbst- und Weltbildes, welche die Grundlage für das aktuelle Handeln, aber auch für die Lebensplanung und die Sinngebung des Lebens bilden. Dazu gehören u.a. Ziele der Selbstentwicklung, die Wirkung auf andere, soziales Handeln, Erwartungen an persönliche Beziehungen und die generelle Lebensorientierung (vgl. Kraak/Nord-Rüdiger, 1989).

Die angeführten Geschichten sollen die Lernenden anregen, über Sinn- und Lebensfragen eigenständig **nachzudenken und zu urteilen**. Internalisierte Werte und Lebensziele tragen letztlich dazu bei, wie sich Menschen in verschiedenen Lebenssituationen entscheiden, wie sie Lebensprobleme bzw. Konflikte lösen und wie sie ihr Zusammenleben mit anderen gestalten. Die

Menschen suchen und streben nach **Sinn im Leben** (vgl. „Bis zum Ende der Welt"). Doch es macht einen Unterschied, was man als Lebensziel begreift: seine persönliche Entwicklung (vgl. „Bis zum Ende der Welt", „Das Gänseblümchen", „Das Samenkorn", „Winfriedes Aufbruch") oder Macht (vgl. „Drachenblitz und Erde") und Ruhm (vgl. „Der Wettstreit"). Möglicherweise werden auch Äußerlichkeiten als primäre Wertvorstellung betrachtet (vgl. „Das schwarze Schaf", „Die streitsüchtigen Nachbarinnen").

In Werten und Lebenszielen spiegeln sich auch die **Bereitschaft zum sozialen Engagement** (vgl. „Das Lied der Drossel – oder: Wie der Riese Ungestüm bekehrt wurde", „Vom Hasen mit dem langen und dem kurzen Ohr") und die Art und Weise, wie man **soziale Bindungen eingeht**, d.h. ob man eine Beziehung der Gleichberechtigung und gegenseitigen Akzeptanz (vgl. „Fettauge und Wassersuppe", „Wenn Zwerge heiraten") oder der sozialen Unterordnung (vgl. „Die Wolke und das Meer") anstrebt.

> Geschichten:
> Bis zum Ende der Welt; Das Gänseblümchen; Das Lied der Drossel – oder: Wie der Riese Ungestüm bekehrt wurde; Das Samenkorn; Das schwarze Schaf; Der Wettstreit; Die streitsüchtigen Nachbarinnen; Die Wolke und das Meer; Drachenblitz und Erde; Fettauge und Wassersuppe; Vom Hasen mit dem langen und dem kurzen Ohr; Wenn Zwerge heiraten; Winfriedes Aufbruch

h) Problem- und Krisenmanagement

Junge Menschen müssen dazu befähigt werden, Probleme zu lösen, Herausforderungen zu bestehen sowie schulische bzw. außerschulische Krisen und Belastungen zu verarbeiten. Deshalb greifen die hier genannten Geschichten Themen wie „Problemflucht vs. aktive Problembewältigung" bzw. „Coping-Methoden in Problemsituationen" auf. Sie sollen dazu beitragen, ein **Problembewusstsein** zu entwickeln und Bewältigungsstrategien zu reflektieren und anzuwenden.

Die Handlungen der Geschichten verdeutlichen, dass positive individuelle Entwicklungstendenzen sowie eine Ausgewogenheit und Balance im Leben nur dann erreicht werden, wenn u.a. auch ein **aktives Problem- und Krisenmanagement** erfolgt. Dafür muss sich eine Person zunächst ihrer Probleme, Krisen und unbewältigten Konflikte bewusst werden und diese als eine Herausforderung und verborgene Chance betrachten (vgl. „Der Steinmetz", „Die Last"). Anschließend sind Trauerarbeit, eine aktive, konstruktive Auseinandersetzung mit den Problemen sowie die Erarbeitung und Formulierung neuer, positiver Lebensperspektiven erforderlich. Dazu gehören auch ein Perspektivenwechsel, die Entscheidung zwischen Alternativen (vgl. „Der dritte Weg", „Der Trotzkopf") oder die Aufteilung eines Fernziels in Teilziele (vgl. „Der Weg über den Berg"). Darüber hinaus ist es entscheidend, gelassen und konstruktiv mit eigenen Fehlern umzugehen (vgl. „Errorius im Labyrinth").

> Geschichten:
> Der dritte Weg; Der Steinmetz; Der Trotzkopf; Der Weg über den Berg; Die Last; Errorius im Labyrinth

i) Angst- und Stressbewältigung

Angst bzw. Stress und Lernen schließen einander aus. In Angst- und Stresssituationen treten bei den Lernenden starke Erregungsprozesse und Kognitionen (Gedanken, Vorstellungen, Wahrnehmungen) auf, die nichts mit der eigentlichen Anforderung zu tun haben. Diese Faktoren führen letztlich zu Leistungsbeeinträchtigungen. Gleiches gilt für eine übermäßige Motivation (vgl. ausführlich Quast, 2011). Deshalb ist es erforderlich, dass sich Schüler mit der Wahrnehmung und Bewältigung von Angst und Stress auseinandersetzen. **Gesundheitsförderung** ist heutzutage ein wichtiger Bestandteil der Persönlichkeitsförderung (vgl. Jerusalem/Mittag, 1994).

Die hierzu vorliegenden Geschichten sprechen allgemeine **Polarisierungen** wie Stress vs. Ausgeglichenheit, Angst vs. Courage/Mut oder übersteigerter Ehrgeiz/Perfektionismus vs. Gelassenheit/konstruktive Fehlerkultur an. Sie gehen im Detail aber auch darauf ein, wie eine sinnvolle Rhythmisierung der Tagesroutine in Phasen der Anspannung und der Entspannung zu Wohlbefinden und Gesundheit führt (vgl. „Der Lerche verlorene Stimme", „Vom ehrgeizigen Hannes und genügsamen Michel"), wie man Ruhe, Geborgenheit und Entspannung bei sich selbst findet (vgl. „Wie Ohnhaus zu seinem Panzer kam") oder wie ein schrittweises Herangehen an ein Ziel zum Stressabbau und zur Problemlösung beiträgt (vgl. „Der Weg über den Berg").

Die Geschichten zeigen auch, dass es möglich ist, Fehler positiv zu bewerten (vgl. „Errorius im Labyrinth") bzw. seine Ängste und Unsicherheiten zu bewältigen, um zu neuen Einstellungen und Lebensperspektiven zu gelangen (vgl. „Das Gänseblümchen", „Die drei Spiegel", „Die kleine Brise", „Trau-mich-nicht-Rudis Wandlung").

> Geschichten:
> Das Gänseblümchen; Der Lerche verlorene Stimme; Der Weg über den Berg; Die drei Spiegel; Die kleine Brise; Errorius im Labyrinth; Trau-mich-nicht-Rudis Wandlung; Vom ehrgeizigen Hannes und genügsamen Michel; Wie Ohnhaus zu seinem Panzer kam

j) Sozial-emotionale Kompetenz

„Nachfühlen soweit man versteht – darüber hinaus Toleranz."
(Emil Baschnonga)

Die Förderung der sozialen Kompetenz ist im deutschen Schulgesetz als Erziehungsziel fest verankert, um die Kinder und Jugendlichen auf zukünftige soziale Anforderungen im Arbeitsleben vorzubereiten. Dabei wird insbesondere auf die

Entwicklung sogenannter **Schlüsselqualifikationen**, wie Team- und Kommunikationsfähigkeiten, verwiesen. Die Schule soll aber auch zur **Prävention von Gewalt und Kriminalität** beitragen. Soziale Kompetenzen beinhalten u.a. die Fähigkeit, positive Beziehungen zu anderen aufzubauen, Selbstmanagement (z.B. Ärgerkontrolle), kooperative Tendenzen und Durchsetzungsfähigkeit (vgl. Jerusalem/Klein-Heßling, 2002) sowie Toleranz gegenüber dem anderen.

All diese sozialen Aspekte spielen in den unten genannten Geschichten eine Rolle. Das Einfühlungsvermögen und die Unterstützung Bedürftiger werden belohnt (vgl. „Das Märchen vom Stern Balthasar", „Der Mandelbaum", „Vom Hasen mit dem langen und dem kurzen Ohr"). Sogenannte Soft Skills entwaffnen auch den „härtesten" Gegner (vgl. „Das Lied der Drossel – oder: Wie der Riese Ungestüm bekehrt wurde"). Achtung und Toleranz gegenüber dem anderen bereichern das Miteinander (vgl. „Das schwarze Schaf", „Vom Hasen mit dem langen und dem kurzen Ohr").

Ebenso wird die Notwendigkeit erkennbar, **Grenzen** zu setzen und auf eine **Ausgewogenheit zwischen eigenen und fremden Interessen** bzw. zwischen Nähe und Distanz zu achten (vgl. „Die kleine Brise", „Fettauge und Wassersuppe"). Letztlich wird aber auch deutlich, dass ein gewaltbereites Verhalten (vgl. „Drachenblitz und Erde") oder ein Zuviel an Altruismus (vgl. „Der Lerche verlorene Stimme", „Der Luftballon") negative Konsequenzen haben können.

Geschichten:
Das Lied der Drossel – oder: Wie der Riese Ungestüm bekehrt wurde; Das Märchen vom Stern Balthasar; Das schwarze Schaf; Der Lerche verlorene Stimme; Der Luftballon; Der Mandelbaum; Die kleine Brise; Drachenblitz und Erde; Fettauge und Wassersuppe; Vom Hasen mit dem langen und dem kurzen Ohr

---

2.3 Altersempfehlungen zur Verwendung der Geschichten

Alter	Geschichten
ab dem Vorschulalter	Das Lied der Drossel – oder: Wie der Riese Ungestüm bekehrt wurde Das Märchen vom Stern Balthasar Das Samenkorn Das schwarze Schaf Der Mandelbaum Die kleine Brise Trau-mich-nicht-Rudis Wandlung Vom Hasen mit dem langen und dem kurzen Ohr Wenn Zwerge heiraten
ab dem Grundschulalter	Das Gänseblümchen Der alte Baum, der fliegen wollte Der Lerche verlorene Stimme Der Luftballon Der Wettstreit Die drei Spiegel Die streitsüchtigen Nachbarinnen Drachenblitz und Erde Errorius im Labyrinth Vom ehrgeizigen Hannes und genügsamen Michel Wie Ohnhaus zu seinem Panzer kam
ab Klasse 5	Der Trotzkopf Der Weg über den Berg Die Wolke und das Meer Die Zauberkugel Janis bleibt Wie der Fluss begradigt wurde Winfriedes Aufbruch
ab Klasse 9	Bis zum Ende der Welt Der dritte Weg Der Esel und der Löwe (I) Der Esel und der Löwe (II) Der komische Kauz Der Steinmetz Die Last Die Narren Die Schattenmenschen Fettauge und Wassersuppe

2.4 Exkurs: Metaphorische Geschichten in der Beratung

Neben der Verwendung im Unterricht sind metaphorische Geschichten ein wesentliches Mittel in der Beratung. Sie sind deshalb beratungswirksam, weil der Klient „zu eigenen Lösungen kommt, wenn er darüber nachdenkt, was die Geschichte über ihn und seinen [...] Konflikt [...] enthält. [...] Sein Anliegen ist nicht die Vermittlung nützlicher Informationen über die Welt, sondern dass es um die inneren Vorgänge im Menschen geht" (nach Bettelheim, 1980, S. 45).

Metaphorische Geschichten lassen sich in den globalen Ansatz der Beratung integrieren, indem sie an weitere Konzepte der Intervention gekoppelt werden. Dabei ist es entscheidend, das richtige Timing zu wählen. Dadurch, dass die präsentierte Geschichte in Form einer **Trance-Induktion** eingeleitet wird (wie es z.B. in der systemischen Beratung der Fall ist), wird die Aufmerksamkeit stärker als im Wachzustand des Klienten auf die Inhalte sowie die damit verbundenen persönlichen Erfahrungen fokussiert.

Bei der Präsentation der Geschichte ist zu beachten, dass Lautstärke, Tonfall, Stimmlage und Pausen entsprechend dem persönlichen Stil des Beraters oder Coachs und auf Grundlage der ideomotorischen Reaktionen des Klienten gestaltet werden. Es empfiehlt sich, die Handlung der jeweiligen Geschichte gemäß den spezifischen Bedürfnissen und dem aktuellen Feedback durch den Klienten abzuwandeln (vgl. Lankton/Lankton, 2000; Trenkle, 2002).

Der **Prozess** der Beratung mit Geschichten lässt sich folgendermaßen gestalten (nach Petzold, 1973):

- **Initialphase:** Körperwahrnehmung und anschließende Einstimmung auf die Geschichte, evtl. Trance-Induktion
- **Aktionsphase:** „Eintauchen" des Klienten in die Handlung, Erleben, Identifikation mit dem Protagonisten und dem Dialog, Ausleben eigener Gefühle und Erfahrungen, „Aha-Erlebnis"
- **Integrationsphase:** „Auftauchen" (Arme und Beine bewegen, tief durchatmen und die Augen öffnen), Reflexion über die gewonnene Erfahrung, In-Bezug-Setzen des Erlebten zur persönlichen Realität, Einleitung der Phase der Neuorientierung (Fortsetzung in den nächsten Wochen)

Im Beratungskontext lassen sich metaphorischen Geschichten u.a. folgende **Funktionen** zuschreiben (nach Revenstorf/Peter, 2001):

a) Stärkung der positiven Beziehung (Rapport)

Die positive Beziehung zwischen dem Berater und dem Klienten wird als „Rapport" bezeichnet. Sie basiert auf der gegenseitigen Wertschätzung und dem beidseitigen Vertrauen. Erst auf der Grundlage des Rapports ist der Klient bereit, die Angebote des Beraters anzunehmen. Der Berater fördert den Rapport, indem er in der Geschichte eine analoge Metapher für die aktuelle Situation bzw. das aktuelle Erleben des Klienten benutzt und so Empathie und Einfühlungsvermögen vermittelt.

b) Umgehung von Widerstand

Durch die indirekte Art, die Klientensituation zu spiegeln, ihm Lösungen von Problemen und Konflikten sowie neue Beziehungsmuster etc. vorzuschlagen, wird dessen Widerstand umgangen. Dies erreicht man einerseits durch die Präsentation einer analogen Situation: Der Klient wird zum „Beobachter". Es steht ihm frei, sich zu identifizieren oder nicht. Andererseits lassen sich in die Geschichten Suggestionen integrieren, die ohne die „Zensur" des Klienten unterschwellig wirksam werden können.

c) Beiläufigkeit durch das Verfremdungsprinzip

Die Verfremdung wird u.a. durch die Verwendung von Tieren und Pflanzen als Protagonisten erzielt und ist in jedem Fall wirksamer als der direkte Weg mittels des erhobenen Zeigefingers.

d) Lieferung des Kontextes für Belehrung, Aufgaben, Aufträge etc.

Diese Interventionen lassen sich durch die sogenannte Einstreutechnik in die Geschichten integrieren. Das Einstreuen von Suggestionen, die Veränderungsprozesse beim Klienten in Gang setzen sollen, erfolgt durch die Abwandlung der Pronomina (von der 3. Person Einzahl, „er"/„sie", in die 2. Person Einzahl, „du"), ohne dass sich der Klient direkt angesprochen fühlen muss (vgl. Bongartz/Bongartz, 2000; Lankton/Lankton, 2000).

e) Bereicherung von Suchprozessen

Metaphorische Geschichten gelten als Schnittstelle zwischen bewusster und unbewusster Informationsverarbeitung. Sie fördern Suchprozesse, die möglicherweise bisher willkürlich verweigert wurden. Dadurch, dass sie Intuition und Fantasie anregen, gelangt der Klient zu unerwarteten Lösungen und Schlüssen, die ihm auf der bewussten Ebene nicht zugänglich waren.

f) Schaffung eines Perspektivenwechsels

Ein Perspektivenwechsel wird durch das Umdeuten des Problems in der Geschichte erzielt. Diese neue Sichtweise und Kontexterweiterung ermöglicht, den Klienten zur Suche von überraschenden Lösungen und Einsichten anzuregen. Nach Peseschkian empfiehlt es sich, nicht von Defiziten und Störungen auszugehen, sondern von Fähigkeiten und Potenzialen (vgl. Peseschkian, 1999, S. 30).

Quast · Metaphorische Geschichten für die pädagogische Praxis

g) Ich-Stärkung

Geschichten haben häufig einen positiven Ausgang. Indem der Protagonist die Lösung seines Problems durch den Glauben an sich selbst und durch eigene Kräfte erreicht, wird sich der Klient durch die Identifikation mit dem Protagonisten seiner verschütteten Fähigkeiten und Potenziale bewusst.

h) Konfusion

Diese Technik dient der Destabilisierung des kognitiven Systems des Klienten. Sie empfiehlt sich besonders, um rigide Verhaltensmuster zu durchbrechen. Sobald eine solche Unterbrechung als verunsichernd und aversiv empfunden wird, strebt der Klient nach Veränderung. Die Konfusionstechnik beinhaltet u.a.

• die Beschleunigung der Sprechgeschwindigkeit,

• den Rückgriff auf Paradoxien,

• die Einbeziehung von Metaphern, die zum Kontext keinen Zusammenhang aufweisen,

• die Präsentation widersprüchlicher Standpunkte zu einer Thematik,

• die Verwendung von Geschichten mit zwei Protagonisten entgegengesetzter Verhaltensweisen (vgl. Lankton/Lankton, 2000).

3. Metaphorische Geschichten

Wie die ersten beiden Kapitel dieses Buches deutlich machen, können metaphorische Geschichten in diversen pädagogischen Situationen zum Einsatz kommen. Ebenso vielfältig lassen sich die Geschichten interpretieren. Metaphorische Geschichten sind nicht „ein-deutig".

Je nach der persönlichen Situation des Lesers oder Zuhörers wird die Geschichte unterschiedlich aufgenommen. Sie erhält für den Rezipienten eine individuelle Bedeutung. Dabei spielen auch das Alter, die Entwicklung und die Erfahrungen des Lernenden eine Rolle.

Nachdem im ersten Teil dieses Buches die theoretischen Grundlagen erläutert und praktische Hinweise gegeben wurden, umfasst der nun folgende zweite Teil die metaphorischen Geschichten selbst, zu denen auch Märchen, Fabeln und Parabeln gehören.

Die Geschichten erzählen von Menschen, Tieren, Pflanzen usw., die beispielsweise mit ihrer momentanen Situation unzufrieden sind und diese ändern wollen, die tatsächlich ihren eigenen Weg gehen oder aber auf ihrem Standpunkt beharren bzw. keine Veränderung wünschen.

Aufgrund ihrer Vielschichtigkeit und Mehrdeutigkeit lassen sich die metaphorischen Geschichten verschiedenen Themenkomplexen und Problemstellungen zuordnen (vgl. Kapitel 2.2). Im Folgenden werden sie daher lediglich alphabetisch geordnet.

Die Länge der Geschichten variiert. Neben vielen kurzen finden sich auch etwas längere Geschichten, die aber nicht mehr als vier Seiten umfassen. So können die Geschichten zeitlich gut in den Kindergartenalltag, die Unterrichtsstunde oder eine Beratungssituation integriert werden.

Bis zum Ende der Welt

Ein Wanderer fragte einen Vorübergehenden: „Sag mir, Fremder, wie weit ist es noch bis zum Ende der Welt?" – „Gehe einfach immer der Nase nach. Am nächsten Aussichtspunkt gelangst du zum Ende der Welt." Kaum hatte der Vorübergehende den Satz ausgesprochen, so war er auch schon verschwunden.

Der Wanderer tat, was ihm geraten wurde. Als er den nächsten Aussichtspunkt erreicht hatte, fragte er eine alte Frau: „Großmütterchen, kannst du mir sagen, wie ich ans Ende der Welt komme?" – „Geradeaus. Und am nächsten Aussichtspunkt findest du das Ende der Welt", sprach die alte Frau – und war nicht mehr zu sehen.

Wieder lief der Wanderer weiter, wieder gelangte er an einen Aussichtspunkt und wieder fragte er jemanden nach dem Ende der Welt. Und er lief weiter und weiter und weiter und fragte noch einmal und noch einmal und noch einmal …

So geschah es, dass der Wanderer sein ganzes Leben lang unterwegs war. Als er sich schließlich auf sein Sterbebett legte, kam ein Junge bei ihm vorbei und fragte: „Großväterchen, bevor du dich für immer schlafen legst, möchte ich dich noch etwas fragen. Sage mir doch bitte: Wo ist das Ende der Welt?" Der Alte antwortete: „Gehe immer der Nase nach. Am nächsten Aussichtspunkt gelangst du an das Ende der Welt."

Quast · Metaphorische Geschichten für die pädagogische Praxis

Das Gänseblümchen

Es war einmal ein Gänseblümchen, das war so winzig von Gestalt, dass es ein jeder, der vorüberging, mitleidig oder sogar verächtlich betrachtete. Und die schönen, hochgewachsenen Tulpen, Rosen und Ginstersträuche steckten ihre Blütenköpfe zusammen und kicherten und lachten und machten sich lustig über das kleine Gänseblümchen.

„Du musst dich der Sonne entgegenstrecken", riet der Holunderstrauch dem kleinen Gänseblümchen. Da reckte und streckte es sich und hätte sich beinahe den Stängel gebrochen. Doch zu seinem großen Leid blieb es so klein, wie es gewesen war.

„Du musst deine Wurzeln tief in die Erde graben", empfahl der Flieder. Und das Gänseblümchen zog an seinen feinen Wurzeln. Doch diese wollten nicht tiefer in das Erdreich eindringen.

„Warum trinkst du nicht mehr? Das kostbare Wasser wird deinem Körper zum Wachstum verhelfen", sprachen die Weidenkätzchen. Da trank und trank das Gänseblümchen, und es bekam schwere, dicke Blätter. Doch größer wollte es nicht werden.

Traurig senkte das kleine Gänseblümchen seinen Blütenkopf und sank völlig in sich zusammen, dass es noch winziger wurde. Es schloss seine Blütenblätter und wollte nichts mehr sehen, und es knickte seinen Stängel ein und wollte die Welt um sich herum nicht mehr hören und nicht mehr spüren.

So geschah es, dass das Gänseblümchen, völlig abgekehrt von der Welt und von den klugen Ratschlägen der anderen, schließlich ganz bei sich selbst angekommen war.

Lange verharrte es regungslos. Doch ganz allmählich begann es, in sich hineinzuhorchen und sich zu spüren. Da fühlte es, wie sein Herz klopfte – zaghaft und leise: tick, tack, tick, tack, ... Und auf einmal schlug es ein bisschen stärker: tick, tack, tick, tack, ... Und noch stärker: ticke, tacke, ticke, tacke, ... Eine ganze Weile lauschte das Gänseblümchen und hörte seinem Herzen zu.

Da wurde sein Herz zur Quelle, und die Quelle mündete in einen mächtigen Strom – einen Strom voller Kraft, Stärke und Zuversicht. Der Strom breitete sich im Körper des Gänseblümchens aus. Er nährte seine Blüten, seine Blätter und sein Wurzelwerk. Da wurde der Strom zum Feuer. Und das Gänseblümchen brach aus sich hervor. Es wuchs über sich selbst hinaus – dem Licht der Sonne entgegen.

Das Lied der Drossel –
oder: Wie der Riese Ungestüm bekehrt wurde

Vor vielen tausend Jahren machte ein Riese namens Ungestüm sein Land unsicher; und wie sein Name bereits sagte, verhielt sich Ungestüm wie ein wildes Ungeheuer. Er zertrampelte und zermalmte alles, was ihm in den Weg kam: Häuser, Bäume, Sträucher und zierliche Blumen am Feldrain. Selbst Tiere und Menschen hätte er nicht verschont, wären sie nicht fluchtartig davongelaufen, wenn sich Ungestüm ihnen nur von Weitem näherte. Und obwohl man schon unzählige Male den Rat der weisen Männer und Frauen des Landes eingeholt hatte, war es bisher niemandem gelungen, den wütenden Zerstörer zu bändigen.

Wieder einmal setzten sich die Weisen zusammen und berieten, wie man dem Treiben des Riesen Einhalt gebieten könnte. Schließlich hatte der Älteste von ihnen eine Idee: „Wir könnten einen Aufruf im Land verbreiten, dass sich die Wagemutigen und Wohlgesinnten melden sollen, um dabei zu helfen, den Riesen zum Guten zu bekehren." Sofort stimmten alle dem Vorschlag zu und verbreiteten die Nachricht in Windeseile.

Als Erster erklärte sich der fromme Priester Paulus bereit, mit dem Riesen zu sprechen und für ihn zu beten. Er machte sich auf, um Ungestüm zu suchen. Nach einem dreitägigen Marsch hatte er sein Ziel erreicht. Schon wollte der Riese wütend auf ihn zustürmen, da begann der Priester zu reden: „Was ist dir widerfahren, dass du so wütend bist?" Verdutzt hielt der Riese inne und dachte nach. Ihm fiel keine Antwort ein. Da fügte der Priester hinzu: „Ich werde für dich beten, damit du deine Wut und deinen Hass verlierst." Dann fing er an zu beten. „Worte, Worte, nichts als Worte", brüllte plötzlich der Riese. „Ich pfeife darauf. Und ich will wütend sein!" Er schwang seine Keule, und dem frommen Priester blieb nichts anderes übrig, als auf der Stelle die Flucht zu ergreifen.

Lange traute sich daraufhin keiner mehr, sich dem Riesen zu nähern. Doch schließlich wagte es der bärenstarke Bauer Michel, Ungestüm aufzusuchen. Er zog los und nach einer Woche begegnete er dem Riesen auf einer Waldlichtung. Michel nahm all seinen Mut zusammen und trat an den Riesen heran. „Wollen wir miteinander kämpfen?", fragte er ihn. Der

Riese lachte schallend, sodass die Erde bebte und es noch meilenweit zu hören war. Dann packte er den armen Michel und schleuderte ihn zu Boden. Noch einmal richtete Michel sich kampfeswillig auf. Doch als der Riese erneut seine prankenartigen Hände nach ihm ausstreckte, lief er davon, so schnell ihn seine Beine trugen. Nun waren die Bewohner des Landes völlig verzagt und entmutigt.

Doch eines Tages trug sich folgende Begebenheit zu: Bei ihrem gewöhnlichen Rundflug durch den Wald verirrte sich die Drossel Silberstimme und stieß plötzlich auf den Riesen. Ängstlich und verwirrt ließ sie sich auf dem Zweig einer Linde nieder und zitterte am ganzen Körper. „Alle zittern vor mir", brüllte Ungestüm durch den Wald, dass es weit und breit zu vernehmen war. „Bin ich nicht der Mächtigste im ganzen Land?" Die Drossel schwieg. „Bereite dich auf deine letzte Stunde vor", schrie der Riese weiter. Die Drossel schien verloren zu sein. Doch sie nahm all ihren Mut zusammen und sprach leise zum Riesen: „Würdest du mir noch eine letzte Bitte erfüllen? Darf ich noch einmal ein Lied singen?" – „Meinetwegen", brummte der Riese mürrisch. „Wenn es nicht so lange dauert."

Da begann die Drossel mit ihrer silbernen Stimme ein Lied zu zwitschern. Erst sanft und zaghaft und mit zittrigem Klang, doch dann immer lauter und kraftvoller. Ihr Lied hörte sich an wie eine Klage. Aber in der traurigen Melodie schwangen auch ein bisschen Hoffnung und Sehnsucht mit. Schließlich wurde es zu einem Lied der Freude und des Jubels, dessen Echo im Wald widerhallte.

Verdutzt schwieg der Riese und lauschte regungslos dem Gesang. Plötzlich floss eine Träne über sein Gesicht, dann eine zweite. Verlegen wischte er sie beiseite, doch je länger die Drossel sang, desto mehr berührte sie die Seele des Riesen. Mit einem Mal ließen sich die Tränen nicht mehr zurückhalten, und sie strömten wie kleine Bäche aus den Augen von Ungestüm.

Selbst als die Drossel schon eine ganze Weile schwieg, konnte sich der Riese lange nicht wieder fassen. Schließlich stieß er mit gerührter Stimme hervor: „Du hast mein Herz erweicht, hast meine Seele verzaubert. Fliege nach Hause. Ich werde dir nichts anhaben." Da flog die Drossel mit einem Freudentriller davon; und der Riese gelobte, fortan nur Gutes zu tun.

Das Märchen vom Stern Balthasar

Dies ist das Märchen vom Stern Balthasar, dem kleinsten unter den Sternen im riesigen Sternenmeer. Was mit ihm geschehen ist, möchtet ihr wissen? Nun gut, dann hört mir zu.

Es geschah vor Tausenden und Abertausenden von Jahren. Wieder einmal blies der Abend das Tageslicht aus, und am Himmel erschienen unzählige glitzernde Sterne. Stolz auf ihren Glanz und ihre Schönheit blickten sie auf die Erde hinab. Sie sahen auch wirklich prunkvoll aus. Einer strahlte mehr als der andere. Es war eine Pracht am Himmel, und jeder König hätte viel darum gegeben, wenigstens einen Stern in seiner Schatztruhe zu besitzen. Die Sterne waren auch reichlich verziert mit Diamanten und Rubinen, mit Edelsteinen und Silberschmuck und dickem Goldbehang.

Nur einer trug weder einen Diamanten noch den klitzekleinsten Edelstein und auch keinen Goldschmuck, das war Balthasar. Balthasar schämte sich deswegen sehr, zumal er auch häufig wegen seiner Kahlheit verspottet wurde. Kurzum, er war mit sich und seinem spärlichen Glanz gar nicht zufrieden.

Eines Tages, als er wieder einmal todunglücklich war, weil ein besonders leuchtender und funkelnder Bruderstern ihn wegen seines fehlenden Schmuckes lauthals auslachte, segelte der Stern Balthasar im hohen Bogen am Himmel entlang auf die Erde hinab. Er hatte beschlossen, den weisen Zauberer aufzusuchen, um ihn um Diamanten- und Goldschmuck zu bitten. Denn es war nun einmal sein sehnlichster Wunsch, so prächtig auszusehen wie seine Brüder und Schwestern.

So machte sich Balthasar auf den Weg. Seine Wanderung führte ihn durch eine riesengroße Stadt. Er staunte über die breiten Straßen und die hohen Häuser. Bisher hatte er die Welt nur von oben gesehen, und von da sah alles wie ein Spielzeugland aus. Balthasar lief und lief. Neugierig schaute er sich immer wieder um. Besonders wunderte er sich über den vielen weißen Schnee. Wie zauberhaft sah doch die Welt unter der dicken Schneedecke aus!

Plötzlich erblickte er mitten auf einem einsamen Weg einen kleinen Vogel, der am ganzen Körper zitterte und jammerte, dass einem das Herz weh-tat: „Ach, wie ist mir so kalt, so bitterkalt. Oh weh, ich werde erfrieren." Mitleidig trat Balthasar an den kleinen Vogel heran und sah, dass dessen Gefieder über und über mit Eiskristallen besät war. „Du armer Vogel", sprach Balthasar und begann sogleich, ihn mit seinem wärmenden Atem anzuhauchen.

Und siehe da: Dort, wo Balthasars Atem auf das Gefieder des Vogels traf, schmolzen die Eiskristalle. Ein winziges Lächeln breitete sich auf dem Gesicht des kleinen Vogels aus, und er flüsterte: „Oh, danke, mir ist schon ein klein bisschen warm." Da hauchte ihm Balthasar weiter seinen Atem zu, und die Eiskristalle schmolzen und schmolzen, bis der Vogel ganz von ihnen befreit war. „Danke", zwitscherte der kleine Vogel und Tränen des Glücks entwichen seinen Augen und landeten auf Balthasar. Da schwang sich der Vogel in die Luft, umkreiste Balthasar zweimal und flatterte erleich-tert davon.

Ein wenig stolz auf sich wanderte Balthasar weiter. Er blickte in die hell erleuchteten Fenster der Stadt und sah dahinter viele Menschen mit freu-digen Gesichtern. Nur in einer Stube lag ein kranker Junge in seinem Bett. Er wirkte müde und erschöpft. Sein Großvater saß neben ihm und schau-te besorgt, während er wieder und wieder über die Stirn des Jungen strich. Balthasar kletterte auf das Fensterbrett und leuchtete direkt in das Zimmer der beiden hinein.

Als der Lichtstrahl den Jungen traf, breitete sich auf seinem Gesicht ein schwaches Lächeln aus. „Sieh nur, Großvater, sieh nur", flüsterte er. „Was für ein wunderschöner Stern. Bitte hol ihn mir doch herein." Der Großvater humpelte zum Fenster und öffnete es. Dann hob er den Stern behutsam auf und brachte ihn seinem Enkel. Der wiegte ihn in seinen Händen und schaute ihn unentwegt an.

Und wie der Junge Balthasar so voller Staunen und Neugier betrachtete und Balthasar das bleiche, zarte Knabengesicht sah, wurde ihm ganz mit-leidig zumute. Er berührte den Jungen mit einem Strahl aus Licht und Wärme. Da durchströmte eine Welle des Glücksgefühls den Jungen, und ein wundersames Leuchten breitete sich in seinem Gesicht aus.

„Großvater", rief er. „Großvater, ich glaube, ich werde wieder ganz gesund. Danke, du guter Stern, danke." Der Junge lachte und weinte vor Glück, und seine Freudentränen purzelten geradewegs auf Balthasar, wo sie – wie zuvor die Tränen des Vogels – haften blieben.

„Dann will ich auch nicht mehr länger verweilen", murmelte Balthasar vor sich hin. „Schließlich möchte ich ja dem großen Zauberer begegnen, und bis dahin ist der Weg noch weit." Er zwinkerte dem Jungen und dessen Großvater noch einmal zu und schwebte durch das Fenster hinaus auf die Straße.

Immer weiter führte ihn sein Weg – bis in einen dunklen Wald. Dort erblickte Balthasar kahle, von der Schneedecke verhüllte Bäume, die ihren Winterschlaf hielten. Nur ein kleiner Laubbaum war noch immer über und über mit Blättern bedeckt. Steif vom Frost klebten sie an seinen Ästen und Zweigen. Der Baum jammerte und klagte: „Ach, wie gerne möchte ich meine Blätter abwerfen. Wie leicht und frei wäre mir dann zumute. Ich könnte endlich schlafen, bin ich doch so müde." Und verzweifelt versuchte er, sich zu schütteln. Doch er konnte seine Äste und Zweige nicht um einen Millimeter bewegen, so starr waren sie vom Frost.

Da schwebte Balthasar hilfreich von Ast zu Ast, von Zweig zu Zweig und von Blatt zu Blatt. Und überall dort, wo sich seine wärmenden Strahlen ausbreiteten, schmolz das Eis und rann zur Erde hinab. Da rüttelte und schüttelte der Baum seine Äste und Zweige, bis auch das letzte Blatt zu Boden gefallen war. Glücklich darüber, endlich von seiner Last befreit zu sein, dankte er Balthasar und dicke Freudentränen tropften auf dessen Sternenkörper. „Gern geschehen." Balthasar lächelte dem Bäumchen zu und wanderte weiter.

Er musste noch Tage unterwegs gewesen sein, bis er schließlich an der Hütte des Zauberers ankam. Zaghaft klopfte er an die Tür, und von innen ertönte eine Stimme: „Komm doch herein, ich habe schon auf dich gewartet." Verwundert öffnete Balthasar die Tür und näherte sich dem Alten. Der Zauberer saß auf einer riesigen Truhe, und in den Händen hielt er seine Zauberkugel, in der sich die ganze Welt und der Himmel zugleich spiegelten.

Weise wandte er sich an Balthasar: „Ich kenne dich schon lange und habe dich beobachtet, als du dem kleinen Vogel, dem kranken Jungen und dem Bäumchen mit deinem Licht und deiner Wärme geholfen hast. Du hast gut daran getan. Deshalb möchte ich dich auch belohnen", sprach der Zauberer und berührte den Stern mit seiner Zauberkugel.

Da verwandelten sich all die Freudentränen des Vogels, des Jungen und des Bäumchens, die noch immer an Balthasar hafteten, in glitzernde Perlen und Edelsteine. Und als Balthasar sich vor Glück und Freude hin- und herbewegte, da schillerten sie in leuchtenden Regenbogenfarben.

„Danke, großer Zauberer, danke", sprach er zum Zauberer, doch der entgegnete: „Du musst mir nicht danken. Es ist der Lohn für deine Güte." Immer noch ungläubig, doch strahlend vor Glückseligkeit schwebte Balthasar aus der Hütte des Zauberers immer höher und höher – geradewegs gen Himmel. Und als seine Brüder und Schwestern ihm begegneten, verneigten sie sich vor Balthasar, so schön glitzerte er.

Balthasar war glücklich, dass nun keiner mehr über ihn lachte. Doch am meisten strahlte er, weil er mit seinem wärmenden Licht dreien das Leben gerettet hatte: einem Vögelchen, einem kranken Jungen und einem kleinen Baum.

Das Samenkorn

Es war einmal ein Samenkorn, das lag seit geraumer Zeit in der Erde und grübelte vor sich hin. „Wie lange muss ich wohl noch in dieser ewigen Dunkelheit verharren? Ob es jenseits dieses Fleckchens braunen Ackers noch eine andere Welt gibt?" Diese Frage ließ dem Samenkorn keine Ruhe, und es wandte sich an den Erdwurm, der sich gerade ächzend an ihm vorbeischlängelte. „Sag mal, Erdwurm, weißt du, was sich jenseits unserer Erdscholle verbirgt?" „Weiß ich nicht, will ich auch überhaupt nicht wissen. Hier fühle ich mich sicher und kenne mich aus. Draußen lauern garantiert die Erdwurmhulas. Die haben es schon längst auf mich abgesehen. Jedenfalls hat das meine Urgroßmutter erzählt", sprach der sichtlich verängstigte Erdwurm und kroch schleunigst weiter.

„Ich habe keine Angst vor Erdwurmhulas. Außerdem will ich doch wissen, was mich jenseits dieses stockdunklen Erdreiches erwartet. Hast du dich dort schon einmal umgeschaut?", fragte das Samenkorn die Erdmaus. „Erinnere mich bloß nicht daran, einmal hätte ich beinahe versehentlich meinen Kopf aus der Erde gesteckt, doch in letzter Minute zuckte ich noch zurück. Da draußen wäre es mir sicher übel ergangen, das spüre ich bis in

meine Mäuseschwanzspitze hinein. Nein, man sollte das Schicksal nicht herausfordern. Sei zufrieden mit dem, was du hast", sprach die Erdmaus altklug und kam sich überaus weise dabei vor.

Das Samenkorn aber ließ sich davon nicht besonders beeindrucken und fragte den Erdstein: „Kannst du vielleicht meine Neugier stillen? Hast du dich schon einmal in die Welt jenseits dieser öden Erdscholle vorgewagt?" „Wieso sollte ich?", fragte der Erdstein verdutzt. „Ich liege hier seit Jahrhunderten. Mein Acker ist mir heilig. Weshalb soll ich mich da auf unbekanntes Terrain begeben?", setzte er hinzu und träumte weiter vor sich hin.

Das Samenkorn gab sich jedoch nicht zufrieden. Zu groß war seine Sehnsucht nach der unbekannten Welt. Da regte sich der Keimling im Samenkorn und sprengte seine schützende Hülle. Er drängte sich aus dem Samenkorn hervor und grub sich seinen Weg durch das Erdreich. „Wer A sagt, muss auch B sagen", beschloss der Keimling und drang mit Wucht durch die Erdkruste hindurch. Dann schoss er weiter nach oben und wuchs zu einer prächtigen Pflanze heran, die im Licht der Sonne badete, im Winde tanzte und von den weichen Gräsern liebkost wurde.

„Welch ein Glücksgefühl!", jauchzte die Pflanze und dachte so manches Mal an das Samenkorn, das nicht mehr im Dunkeln verharren wollte.

Das schwarze Schaf

Einst lebte im Land der grauen Schafe ein fremdartiges Wesen: ein tief-schwarzes, zotteliges Schaf. Keiner wusste so richtig, wie es in das Land gekommen war. Es war einfach da. Das schwarze Schaf erregte so manches Mal den Spott und das Gelächter der anderen. Es hatte nämlich nicht nur eine höchst eigentümliche Farbe, sondern blökte auch völlig anders. Statt der üblichen Landessprache „Mäh" sprach es den „Bah"-Dialekt. Darüber schüttelten die grauen Schafe verächtlich ihre Schafsköpfe. Es kam auch öfter vor, dass sie empört „Schwarzes Schaf raus!" riefen.

Eines Tages schütteten ein paar jugendliche Hammel Mehl auf das schwarze Schaf, sodass es herumlief wie eine Staubwolke. Die Hammel ergötzten sich bei diesem Anblick und tanzten einen wilden Hammeltanz. Doch damit nicht genug: Der größte Hammel stiftete seine Horde an, sich mit dem schwarzen Schaf zu balgen. So stürzten sie sich auf dieses, und dem schwarzen Schaf gelang es nur mit Mühe zu entkommen.

„Warum mag mich denn keiner?", fragte sich das schwarze Schaf wieder und wieder. Und sooft es am silbern schillernden Seerosenteich vorüber-kam, schaute es sein Spiegelbild an und verschmähte seinen Anblick: „Warum bin ich nur so hässlich geworden? Weshalb bin ich über und über schwarz? Hätte ich doch wenigstens einen klitzekleinen grauen Punkt in meinem Fell. Vielleicht würden mich die anderen dann ein wenig mögen." Traurig blökte es vor sich hin: „Geschieht mir recht, dass mich keiner mag. Warum bin ich auch ganz anders?" Schließlich beschloss das schwarze Schaf auszuwandern. Wer weiß? Vielleicht würde doch noch ein Wunder geschehen, das Wunder eines grauen Flecks in seinem Fell!

Gedacht, getan. Das schwarze Schaf sprang über Felder und Weiden, über Stock und Stein, über Gräser und Blumen. Drei mal sieben Tage und Nächte war es unterwegs, bis es an einem alten, brüchigen Stall ankam. Vorsichtig öffnete es die Stalltür, erst ein bisschen und dann noch ein Stück. „Bah", tönte es ihm da plötzlich entgegen. „Bah. Komm doch her-ein." Zuerst wollte das schwarze Schaf Reißaus nehmen. Doch dann fiel ihm auf, dass das Tier im Stallinnern in seinem Dialekt geblökt hatte.

Das schwarze Schaf näherte sich dem Tier in der Dunkelheit und entdeckte ein altes Zauberschaf mit schlohweißem Fell. „Wer bist du denn?", fragte das Zauberschaf. „Ich bin das hässliche schwarze Schaf, das keiner mag." – „So, bist du das?", antwortete das Zauberschaf ungläubig. „Also, wenn du willst, kannst du bei mir bleiben. Ich bin alt und gebrechlich. Du könntest mich bei der Futtersuche unterstützen. Dafür lehre ich dich das Zaubern." – „Oh, danke. Das wäre wunderbar. Wenn ich dann die Zauberkunst beherrsche, kann ich mir einen grauen Fleck zaubern. Oder noch viel besser: Ich zaubere mir gleich ein graues Fell."

So ging das schwarze Schaf beim Zauberschaf in die Lehre und versorgte dieses mit den schmackhaftesten Gräsern und Kräutern, die es in der Umgebung ausfindig machen konnte. Allmählich wurde das schwarze Schaf zu einem wahren Zaubermeister und beherrschte seine Kunst sehr gut – zur großen Zufriedenheit des alten Zauberschafs. So konnte das schwarze Schaf Dinge vergrößern und verkleinern, aus zwei Dingen eins machen und aus einem zwei, es konnte Gegenstände heranzaubern und wieder entfernen und es hatte sogar gelernt, mit den Wolken zu sprechen.

Schließlich war der Tag herangekommen, an dem es lernen sollte, die Farben von Tieren und Gegenständen zu verändern. Dafür musste es einen schwierigen Zauberspruch lernen. Lange übte das Schaf, und nach hartnäckigem Training war es soweit. Das schwarze Schaf stellte sich vor einen Spiegel und blökte den lang ersehnten Zauberspruch:

Baba, baka, bibe, bau.
Was erst schwarz war,
wird jetzt grau.

Und tatsächlich, dem schwarzen Schaf wuchs in Windeseile ein wunderschönes, grau glänzendes Fell. Überglücklich betrachtete es sein neues Äußeres. Obwohl es sich, wenn es ganz ehrlich war, auch ein bisschen fremd vorkam. Weil es nun nichts mehr vom Zauberschaf lernen konnte, war für das schwarze Schaf, das nun grau war, die Zeit gekommen, sich vom alten Zauberschaf zu verabschieden. Es bedankte sich mit rührseligen Worten bei seinem Lehrmeister und machte sich auf, um in das Land der grauen Schafe zurückzukehren.

Als es dort ankam, erkannte es keiner. Doch als man bemerkte, dass man es mit einem Zauberschaf zu tun hatte, welches zudem ein wunderbar grau glänzendes Fell trug, wurde es kurzerhand zum König des Landes gekürt. Selbst die bösartigen Hammel, die sich einst auf das schwarze Schaf gestürzt hatten, konnten nun nicht genug daran tun, dessen Gunst zu erlangen. Das schwarze Schaf, das nun ein graues Schaf war, ließ die Ehrerweisungen eine Weile lang über sich ergehen und wunderte sich gar sehr darüber.

Eines Tages schließlich bestellte es sein Volk zu sich und fing an zu reden: „Es war einmal ein schwarzes Schaf, das von allen verspottet und versto-ßen wurde. Dann ging das Schaf hinaus in die Welt und erlernte die Kunst des Zauberns. Nun ist es zurückgekehrt und möchte euch allen eine Lektion erteilen." So sprach das schwarze Schaf, das jetzt grau war, und ließ seinen Zauberspruch ertönen:

Baba, baka, bibe, brunt.
Was erst grau war,
wird jetzt bunt.

Kaum hatte es den Spruch aufgesagt, da wuchsen den grauen Schafen Felle in den verschiedensten Farben. Jedes Schaf sah nun besonders aus. Keines glich mehr dem anderen. Nur die schwarze Tönung erhielt keines von ihnen. Sie sollte einzig und allein dem schwarzen Schaf gehören. So hatte es sich das schwarze Schaf, das jetzt grau war, vorgenommen. Und kurzerhand verwandelte es die Farbe seines eigenen Fells zurück: Statt grau war es nun wieder schwarz. Zufrieden betrachtete sich das schwarze Schaf im Seerosenteich und fand sich attraktiver und einzigartiger als je zuvor.

Ohne noch lange zu überlegen, verließ das schwarze Schaf das Land der grauen Schafe, das jetzt das Land der bunten Schafe war, für immer. Den bunten Schafen war seither der Spott für immer vergangen. Ihre Farbigkeit erinnerte sie nun ständig daran, wie sie das schwarze Schaf einst gepeinigt und verspottet hatten.

Übrigens: Es soll auch heute noch allerlei Schafsköpfe geben ...

Der alte Baum, der fliegen wollte

Es war einmal ein alter Baum. Wie alt er genau war, konnte er selbst nicht sagen, aber hundertmal Frühling, Sommer, Herbst und Winter hatte er mindestens erlebt. Fest und unerschütterlich stand der alte Baum inmitten seiner Neffen und Nichten, seiner Enkel und Urenkel. Sein Stamm war so dick, dass ihn mindestens ein Dutzend Kinder umfassen konnten. Hier und da war die knorrige Rinde abgefallen, aber das scherte den Baum wenig. Seine Äste und Zweige reichten weit in den blauen Himmel hinein, und seine Wurzeln hatten sich tief in die Erde gebohrt.

Vieles hatte der alte Baum erlebt: Stürme und Regen, Dürren und Eiseskälte. Einmal hatte sogar der Blitz in einen seiner Äste eingeschlagen. All dem wilden Treiben der Natur hatte sich der Baum trotzig und stolz entgegengestemmt. Er hatte seine Wurzeln noch weiter in das Erdreich gerammt und das Wasser tief in jeden Ast und jedes Blatt eingesogen, um Kräfte gegen die Widrigkeiten der Natur zu sammeln.

Eigentlich hätte er stolz und zufrieden sein können, doch seitdem er das Gefühl hatte, ein uralter Baum zu sein, hegte er einen heimlichen Wunsch, der mehr und mehr von ihm Besitz ergriff: Der alte Baum träumte davon, fliegen zu können. In seiner Fantasie stellte er sich immer wieder vor, wie er seine Wurzeln aus dem Boden riss, seine Äste und Zweige wie Flügel schwang und davonflog.

„Zeigst du mir, wie man fliegt?", fragte er eines Tages die Libelle. „Haha, du kannst doch nicht fliegen! Du müsstest ja eine Libelle sein, um fliegen zu können", setzte sie spöttisch hinzu und schwebte elegant durch die Lüfte davon.

„Möchtest du mir zeigen, wie man fliegt?", fragte der alte Baum den Schmetterling. „Das ist doch ganz einfach, sieh mal", sprach der Schmetterling, schlug zweimal mit seinen farbenprächtigen Flügeln und segelte vergnügt von einer Blume zur anderen. Der alte Baum zog an seinen Wurzeln, ließ seine Äste und Zweige vom Wind durchpusten, doch das Fliegen gelang ihm nicht.

Quast · Metaphorische Geschichten für die pädagogische Praxis

„Lehre du mich doch das Fliegen", bat er den Sperling. „Nichts leichter als das", antwortete der Sperling und gab dem Baum eine Fluglektion, wie er sie mit seinen Kindern unlängst erfolgreich durchgeführt hatte. Als er aber bemerkte, dass seine Mühe vergeblich war, flatterte er auf und davon.

Noch einmal versuchte der alte Baum sich aufzubäumen, um zu fliegen. Er zerrte energisch an seinen Wurzeln und schwang mit seinen Ästen und Zweigen. Dann gab er entmutigt auf. „Was bin ich nur für ein jämmerlicher uralter Baum. Nicht einmal fliegen kann ich", klagte er.

Da zog ein Unwetter auf und fegte über die Landschaft. Der Sturm warf Bäume um, riss Gräser samt ihren Wurzeln aus und trieb die Tiere vor sich her. Es sah so aus, als flögen alle unfreiwillig durch die Lüfte. Auch die Libelle, der Schmetterling und der Sperling waren in den tobenden Wirbel geraten und wurden von ihm fortgerissen. Nur der alte Baum, der sich so sehr gewünscht hatte zu fliegen, stand da – ehern und unbeugsam.

Mit letzter Anstrengung gelang es der Libelle, dem Schmetterling und dem Sperling, sich hoch oben an den Zweigen des alten Baumes festzuhalten und in seiner schützenden Krone Zuflucht zu finden. Der wütende Sturm versuchte, auch den alten Baum zu entwurzeln, doch dieser ließ sich nicht erschüttern.

Als sich das Unwetter gelegt hatte, kamen Libelle, Schmetterling und Sperling aus ihrem sicheren Unterschlupf hervor, bedankten sich ehrfürchtig beim alten Baum und flogen davon. Der alte Baum aber freute sich unbändig, dass seine Äste so weit in den Himmel ragten, sein Stamm von einer dicken Rinde umgeben war und er seine Wurzeln tief in die Erde gegraben hatte.

Und sein Wunsch zu fliegen? Den hatte er seither für immer aufgegeben – obwohl, man wird ja noch träumen dürfen ...

Der dritte Weg

Drei Wanderer gelangten nach einem ausgiebigen Fußmarsch an eine Gabelung. Unentschlossen, welchen Weg sie einschlagen sollten, blickten sie umher.

Links führte ein Pfad durch ein sonnendurchflutetes Tal. Beide Wegränder waren mit einem Teppich bunter, duftender Blumen verziert. Ein Bächlein bahnte sich gurgelnd seinen Weg durch die Landschaft, und die Wiesen mit ihrem weichen, saftgrünen Gras luden zum Verweilen ein.

Rechter Hand führte ein Weg durch eine Ebene mit mehreren, im Sonnenlicht glitzernden Seen. Ein Obsthain, dessen Bäume in voller Blütenpracht standen, reichte bis zum Horizont. In der Luft lag ein leichtes Summen und Raunen, denn Bienen und andere Insekten schwirrten emsig umher und labten sich am Blütensaft.

Den mittleren Ausläufer der Gabelung bildete eine bizarre Hügelkette mit kleineren und größeren Bergen, auf deren höchstem Gipfel der Schnee im Sonnenlicht funkelte.

„Ich gehe nach links", entschloss sich der erste Wanderer, nachdem er sich gründlich umgeschaut hatte. „Dann schlage ich den Weg nach rechts ein", sprach der zweite Wanderer nach kurzem Zögern. „Und du? Welchen Weg ziehst du vor?", wandten sich die beiden fragend an den dritten Wanderer.

Dieser überlegte hin und her und malte sich immer wieder die Vorzüge der einen oder der anderen Richtung aus. Schließlich kam ihm die entscheidende Idee: „Ich gehe die Gratwanderung. Da habe ich die besten Aussichten." Kaum hatte er ausgesprochen, kletterte er auf die Hügelkette zwischen den Wegen und wanderte weiter.

Der Esel und der Löwe (I)

Einst begab sich der Esel zum mächtigen Löwen mit der Bitte, ihn das Brüllen zu lehren.

Der Löwe hob erhaben das Haupt, schüttelte seine Mähne und stieß ein kurzes, dafür aber umso kräftigeres Brüllen aus. Danach ließ er auf des Esels Bitte hin vernehmen: „Vielleicht bringe ich dir eines Tages das Brüllen bei, doch heute nicht." Dann gähnte er so lautstark, dass der Esel wie vom Schlag getroffen zusammenzuckte und sogleich demutsvoll mit gesenktem Kopf von dannen trottete.

Daraufhin wartete der Esel. Er wartete und wartete – Tage, Wochen, Monate, Jahre. Er wartete so lange, bis er zu seinem Unglück auch noch schwarz wurde.

Inzwischen ist der Löwe längst heiser geworden und brüllt wegen seiner rauen Stimme nur noch äußerst selten. Der Esel jedoch träumt noch heute davon, vom Löwen das Brüllen zu lernen.

Der Esel und der Löwe (II)

Einst begab sich der Esel zum mächtigen Löwen mit der Bitte, ihn das Brüllen zu lehren.

Der Löwe hob erhaben das Haupt, schüttelte seine Mähne und stieß ein kurzes, dafür aber umso kräftigeres Brüllen aus. Danach ließ er auf des Esels Bitte hin vernehmen: „Vielleicht bringe ich dir eines Tages das Brüllen bei, doch heute nicht." Dann gähnte er so lautstark, dass der Esel wie vom Schlag getroffen zusammenzuckte und sogleich demutsvoll mit gesenktem Kopf von dannen trottete.

Daraufhin wartete der Esel. Er wartete und wartete – Tage, Wochen, Monate, Jahre. Er wartete so lange, bis er zu seinem Unglück auch noch schwarz wurde.

Darüber auf das Höchste entsetzt, suchte sich der Esel eine Grube, legte sich hinein und wollte nichts als sterben. Da träumte er, einen solch donnernden Ruf von sich zu geben, dass selbst der Löwe vor ihm erzitterte.

Ermutigt durch seinen Traum, öffnete der Esel sein Maul, um endlich in die Welt hinauszubrüllen. Doch was ertönte, war ein liebenswertes, schwingendes, vibrierendes „Iiiih – Aaaah".

Angelockt durch den melodischen Klang kam ein kleiner Löwe auf den Esel zu und bat diesen, ihm seinen Ruf beizubringen. „Ich würde mich doch allzu gerne mit einer solch wohlklingenden Stimme äußern wie du", wandte sich das Löwenkind mit leuchtenden Augen an den Esel. Der war nicht wenig verwundert, doch, nachdem er eine Weile lang nachgedacht hatte, fiel es ihm auf einmal wie Schuppen von den Augen.

Stolz, ja beinahe majestätisch, stieg er aus der Grube, blickte den kleinen Löwen weise an und erklärte: „Geh zu deinem Vater, der wird dich lehren, was es für dich zu lernen gibt."

Und klangvoll und lautstark, dass es in der ganzen Umgebung widerhallte, rief der Esel fröhlich: „Iiiih – Aaaah".

Quast · Metaphorische Geschichten für die pädagogische Praxis

Der komische Kauz

Vor vielen Jahren gab es im Land Uniformanien eine Kleinstadt, in der die Einwohner die Schwelle eines Hauses nach einem ausgeklügelten Ritual überschritten: Zuerst machten sie einen Kopfstand, dann eine Rolle rückwärts. Anschließend schlugen sie aus dem Stand ein Rad und schritten zuletzt auf Stelzen über die Türschwelle, sorgsam bedacht, diese auf keinen Fall zu berühren.

Diese überaus komplizierte Prozedur verlangte den Einwohnern der Stadt einiges athletisches Geschick ab, weshalb sie schon in frühen Jahren zu trainieren begannen. Es gab sogar Vereine nur für die Türschwellen-Überquerungskunst. Jedes Jahr führten sie auf der Suche nach dem Türschwellen-Überquerungskunst-Meister einen Wettbewerb durch. Außerdem erließ ein Gremium der Weisen des Landes monatlich neue Richtlinien mit verbesserten Techniken, die es den Einwohnern ermöglichten, ihre Türschwellen-Überquerungskunst ständig zu verfeinern.

Der Stadt wäre sicherlich wegen ihrer vorbildlichen und einmütig-gleichgesinnten Bürgerschaft die Ehrenwürde zuteil geworden, hätte nicht ein Außenseiter unter ihnen geweilt: ein aufmüpfiger, aufsässiger junger Mann, der es wagte, die Türschwellen mit einem lässigen Schritt zu überqueren und dabei auch noch einen Gassenhauer zu trällern. Empört hatten die Bürger der Kleinstadt immer wieder versucht, ihn zur Vernunft zu bringen und ihm abzuverlangen, sich an das überall praktizierte und allseits bewährte Ritual zu halten. Doch alle Versuche, ihn zu einem anständigen und wohlgesitteten Mann zu erziehen, schlugen fehl.

Schließlich blieb den Bürgern der Stadt nichts anderes übrig, als sich ganz von ihm abzukehren und ihn mit Ignoranz und Ächtung zu strafen. „Ein komischer Kauz" und „schwer erziehbar" tuschelte man, sobald sich der Außenseiter nur in Sichtweite befand. So war es dem Mann auch nicht vergönnt, eine Frau kennenzulernen und eine Familie zu gründen.

Welch unbeschreibliches Glück wir doch haben, dass die komischen Käuze ausgestorben sind. Wohin würde es auch führen, wenn heutzutage ein jeder seine Gangart selbst bestimmen wollte?

Der Lerche verlorene Stimme

Es war einmal eine Lerche, die hatte eine solch zauberhafte Stimme, dass sie mit ihren Liedern die ganze Tierwelt verzückte. Sie sang und trällerte den ganzen Tag über und gönnte sich nicht eine Stunde der Ruhe und der Muße.

Wenn dann der Hase über Ohrensausen klagte, wenn der Specht sich den Schnabel gerammt oder die Eidechse sich ihre Haut in der Sonne verkohlt hatte, sandte ein jeder sogleich nach der Lerche. Denn diese war berühmt dafür, alle kleinen und großen Leiden durch ihren Gesang mildern und heilen zu können.

Und kaum hatte man sie gerufen, flatterte sie auch schon eifrig davon, um den Unglücklichen und Kranken mit ihrer Musik zu helfen. „Schlafe doch einmal am Tag", riet die greise Eule, sooft sie der Lerche begegnete. „Zieh dich doch ab und zu in dich selbst zurück", vermittelte ihr die Schnecke ihre alte Weisheit. „Keine Zeit", stieß die Lerche dann jedes Mal hervor und hastete im nächsten Atemzug davon. In ihrer Geschäftigkeit und steten Fürsorge für die anderen entging ihr jedoch völlig, wie sie selbst dabei an Kraft verlor und wie ihre Stimme ganz allmählich an Brillanz einbüßte, sodass sich immer häufiger heisere Zwischentöne einstellten.

Als die Lerche dann eines Tages zur Krähe gerufen wurde, die über Halsschmerzen klagte, geschah das Unvermeidliche: In dem Moment, als die Lerche zu ihrem schönsten Triller ansetzte, versagte ihre Stimme, und sie konnte nur noch heiser wie die Krähe selbst krächzen. Erschöpft und traurig ließ sie ihre Flügel hängen und blickte hilflos zu Boden. „Hätte ich nur die Mahnungen der anderen ernst genommen", dachte sie verzweifelt. „Nun ist es zu spät."

Inzwischen hatten ein paar Spatzen, die die ganze Szene beobachtet hatten, den großen Meister Waldkauz herbeigerufen. Der untersuchte die Lerche gründlich und stellte fest, dass sie sofort operiert werden müsse, wenn sie ihre Stimme nicht ganz verlieren wolle. In Windeseile wurden die Vorbereitungen für die Operation getroffen, und die Lerche begab sich in den Krankensaal des Waldkauzes.

Mittlerweile hatte sich die Nachricht von der verlorenen Stimme der Lerche im ganzen Wald verbreitet. „Die Lerche kann nicht mehr singen", tuschelten die Tiere einander zu. „Sie hat nur an die anderen gedacht, ohne sich selbst zu schonen", meinten sie beschämt.

Von überall eilten die Waldtiere herbei, um das Ergebnis der Operation zu erwarten. Besorgnis und Angst standen in ihren Gesichtern geschrieben. Lange mussten sie sich gedulden. Schweigend und niedergeschlagen saßen sie da, bis endlich der Waldkauz verkündete: „Es ist vollbracht. Die Lerche wird wieder singen können." Da jubelte der ganze Wald, und die Tiere des Waldrates steckten ihre Köpfe zusammen und flüsterten miteinander.

Schließlich traten sie an das Krankenbett der noch schwachen Lerche heran und sprachen: „Wir möchten dir ein Geschenk machen. Wir schenken dir für jeden Tag eine Stunde. Diese Stunde gehört dir ganz allein, und keiner darf sie dir entreißen. Und wenn du möchtest, wird einer von uns beauftragt, dich in dieser Stunde reichlich zu verwöhnen."

„Ich danke euch für die tägliche Stunde, meine Stunde", erwiderte die Lerche. „Die erste freie Stunde beginnt sofort", setzte sie verschmitzt hinzu und schlief erleichtert ein.

Der Luftballon

Es war einmal ein Luftballon, der sich nichts sehnlicher wünschte, als sich in die Wolken zu erheben und selig davonzuschweben. Doch kaum flammte dieser lang gehegte Wunsch in ihm auf, kam ein auf das andere Mal jemand auf ihn zu und hielt ihn vom Fliegen ab. Und dieser jemand bedrängte den Luftballon dann, das eine oder andere für ihn zu tun.

Wieder einmal war der Luftballon drauf und dran abzuheben, als plötzlich die Luftpumpe nach Atem ringend bei ihm aufkreuzte und ihn anflehte: „Könnten Sie bitte so gnädig sein und eine Mund-zu-Mund-Beatmung bei mir durchführen? Ich habe meine kostbare Luft an den Reifen geopfert." Die letzten Worte konnte die Luftpumpe nur noch mit größter Anstrengung hervorquetschen, sodass sich der Luftballon ihrer erbarmte. Eigentlich hätte er lieber die jüngere Schwester der Luftpumpe beatmet, aber am Ende siegte sein Edelmut und er tat, worum er gebeten wurde.

Als er nach einiger Zeit beträchtlich dünner war und seine sonst prall mit Luft gefüllte Hülle schlaff an ihm herabhing, presste er mühsam hervor: „Es war mir ein Vergnügen, meine Dame, war mir ein Ver-gnü-gen." Die Luftpumpe bedankte sich mit wohltönender Stimme und machte sich auf, um den Fahrradschlauch zu beglücken.

Wenig später kam der Gummianzug auf den Luftballon zu und bat diesen: „Würden Sie vielleicht die Güte besitzen und ein Stückchen ihrer Haut für mich hergeben? Sie hängt sowieso etwas wellig an Ihnen herab. Aufgeblasen sind Sie weitaus athletischer anzusehen. Und mir würden Sie einen außerordentlichen Gefallen tun", setzte der Gummianzug mit bittender Gebärde hinzu und deutete auf das Loch in seinem rechten Ärmel. „Wenn ich Ihnen damit einen Dienst erweisen kann", entgegnete der Luftballon und dachte mit Wehmut an die Flicknaht, die nach seinem erneuten Zusammenkleben entstehen würde.

„Es nützt nichts", spornte er sich an. „Meine Hilfe ist unentbehrlich." Gemeinsam behoben sie den Schaden, und der Gummianzug machte sich nach einem dankbaren Quietschen auf und davon, um sich dem Taucher Heiner als zweite Haut überzustülpen. Der Luftballon aber blieb mit einer geklebten Flickstelle an seiner schönsten Rundung zurück. Wenigstens war er nun wieder etwas praller.

Gerade wollte er gemütlich aufsteigen, da paddelte die Luftmatratze aufgeregt auf ihn zu: „Könnte ich Ihnen etwas Luft anbieten? Mich hat die dicke Erna mit den Pausbacken so stark aufgeblasen, dass ich mich wie ein Luftkissen fühle, das gleich losfliegt. Ihnen sollte es doch auch recht sein, Sie sehen heute etwas geschrumpft aus."

Eigentlich hätte der Luftballon am liebsten abgelehnt, aber der flehende Blick der Luftmatratze weckte sein Mitleid und er sog Dutzende Luftblasen in sich ein, die merkwürdig in seinem Innern herumkullerten. „Ich danke Ihnen, sehr geehrter Luftballon." Mit diesen Worten schwamm die Luftmatratze von dannen.

„Mir ist so seltsam zumute", murmelte der Luftballon. „Ich habe wohl doch zu viele Luftblasen geschluckt." Er wälzte sich hin und her und ächzte und stöhnte. Da plötzlich geschah das Unvermeidliche: Es gab einen fürchterlichen Knall und der Luftballon zerplatzte. An die hundert Teile des Luftballons schossen durch die Lüfte und flogen in alle Himmelsrichtungen.

So hatte sich der Traum vom Fliegen für den Luftballon dann doch noch erfüllt.

Der Mandelbaum

Am Rande eines Dorfes stand ein kleiner, hässlicher Strauch. Seine Zweige und Blätter waren ganz verdorrt von der brennenden Sonne. Nur an einem Zweig grünten noch vier winzige Blätter. Doch in der drückenden Hitze der Sonne hingen sie schon völlig kraftlos herab.

Ab und zu kam ein Bauer oder eine Bäuerin an dem verkümmerten Strauch vorüber, schaute ihn manchmal mitleidig, manchmal auch missbilligend an, schüttelte den Kopf und ging weiter.

Eines Abends setzten sich die Bauern in der Dorfkneipe zusammen und beratschlagten, wie man das Dorf noch schöner gestalten könnte, damit sich jedermann daran erfreuen würde. „Der trockene Strauch am Dorfrand muss weg", entschied der Dorfälteste, und die anderen stimmten sofort zu: „Recht hast du, Bauer Michailis, völlig recht. Überall blüht und grünt es in unserem Dorf, nur der trockene Strauch will nicht wachsen." Dann beauftragten sie den Bauer Georgi, am nächsten Tag mit Axt und Spaten bewaffnet dem Strauch zu Leibe zu rücken und Brennholz aus seinem spärlichen Gehölz zu machen.

Gesagt, getan. Am nächsten Morgen begab sich Georgi zum Dorfrand, riss den Strauch mit einem Ruck aus der Erde und zerschlug ihn mit kräftigen Hieben in einzelne Stücke. Er lud das Holz auf seinen Eselskarren und machte sich auf den Weg nach Hause. Den Zweig mit den grünen Blättern warf er einfach weg. Sollten sich doch die Ziegen daran laben!

Am nächsten Tag kam die junge Nizza aus dem Nachbardorf vorbei, um Futter für ihre Esel zu kaufen. Da sah sie den kleinen Zweig am Wegrand liegen. „Du armer, kleiner Zweig", sagte sie. „Dich hat man wohl hier ganz vergessen." Sie nahm ihn mit nach Hause und stellte ihn in ein großes Glas Wasser.

Da sog sich der Zweig voll mit dem kostbaren Nass, und sogleich richteten sich seine Blätter auf und bogen sich zum Licht. Nach einiger Zeit trieben aus seinem Stängel kleine Wurzeln aus und verzweigten sich immer weiter.

Quast · Metaphorische Geschichten für die pädagogische Praxis

Als Nizza eines Tages bemerkte, dass das Wasserglas beinahe unter dem Druck der Wurzeln zerbrach, nahm sie den Zweig und pflanzte ihn in die Erde. Jeden Tag versorgte sie ihn mit reichlich Wasser. Da wuchs der Zweig, trieb aus und wurde zu einem wunderschönen Baum. Im Frühling blühte er prächtig, und die Leute, die vorüberliefen, blieben vor dem Baum stehen und bewunderten seine zartrosa Blüten.

Auch Nizza beobachtete mit Freude, wie der Baum immer größer wurde, und jeden Mittag setzte sie sich in seinen Schatten und träumte und schlief. Eines Tages wurde sie von einem geheimnisvollen Rauschen und Knistern geweckt. Es war der Mandelbaum, der mit seinen Zweigen und Blättern zu ihr sprach: „Du hast mir das Leben gerettet, dafür danke ich dir. Ich möchte dich nun reichlich beschenken." Dann schüttelte er sich so heftig, dass Aberdutzende süßer Mandeln in Nizzas Schoß fielen.

Daraufhin backte Nizza einen riesigen Mandelkuchen und lud die Bauern des Nachbardorfes zu einem Fest ein. Die Bauern ließen sich den Mandelkuchen schmecken und rühmten den wunderschönen Baum: „Seht mal, welch kräftiger Stamm.", „Und er ist über und über mit Mandeln behangen.", „Solch einen prachtvollen Baum habe ich noch nie gesehen."

Da erzählte Nizza den Leuten die Geschichte des Mandelbaumes. Als sie ihre Erzählung beendet hatte, schwiegen alle. Schließlich sprachen die Leute schuldbewusst: „Wir hätten den armen trockenen Strauch damals wässern sollen, statt ihn zu zerhacken. Wir haben nicht recht daran getan. Aber wie können wir das Unrecht wiedergutmachen?"

Da vereinbarten die Bauern, aus den Samen des Baumes einen Hain voller Mandelbäume zu züchten. Und sie versprachen sich gegenseitig, die Bäume zu hegen und zu pflegen. Im Herbst gruben die Bauern die Samen in die Erde ein, aus denen im Frühjahr kleine Mandelbäume wuchsen. Täglich besprühten sie ihre Bäume mit Wasser, verschnitten die Äste und schützten die Bäume vor Insekten und anderem Getier.

Nach der ersten Ernte blickten die Bauern stolz auf ihren Mandelbaumhain und gelobten, nie wieder einen trockenen Strauch verdursten zu lassen.

Der Steinmetz

Es war einmal ein Mann, den hatte es nach langer Wanderschaft bis in die Wüste verschlagen. Um dorthin zu gelangen, war er Tag und Nacht unterwegs gewesen.

Schweren Schrittes war er vorangekommen, mit gesenktem Kopf und gebeugtem Rücken. Immer wieder hatte er sich umgeblickt, aus Angst, sie würden ihm folgen, sie, die ihn bedrückten und fast verzweifeln ließen: die quälenden Geister seiner Vergangenheit.

Nun glaubte er, ihnen entkommen zu sein. „Endlich", dachte er. „Endlich habe ich sie abgeschüttelt. Ich habe sie hinter mir gelassen, diese unerträglichen Ängste und Sorgen. Bis hierher können sie mich nicht verfolgen. Sie gehören der Vergangenheit an. Hier muss meine Zukunft sein."

In der Wüste fand er eine kahle, öde Landschaft vor. Hier und da türmten sich Sanddünen und zerklüftete Erdwälle vor ihm auf. Ab und zu sichtete er ein versiegendes Wasserloch oder einen verdorrten Strauch. Ansonsten entdeckte er nichts – nichts außer unzähligen Steinen.

Dem Mann schien es, als versammelten sie sich um ihn herum. Tagsüber lagen sie leblos im Sand, und er stolperte so manches Mal darüber. Doch eines Nachts verwandelten sich die Steine in die Schatten seiner Vergangenheit und ließen nicht von ihm ab.

Von da an erschienen sie Nacht für Nacht in seinen Alpträumen und warfen ihm ein um das andere Mal vor: „Warum hast du dich uns nicht gestellt? Weshalb bist du uns ein Leben lang ausgewichen? Warum bist du auf der Flucht vor uns?" Der Mann aber erwiderte gequält: „Warum verfolgt ihr mich immer wieder? Bin ich euch denn nicht entkommen? Auch in der Wüste habe ich also keine Ruhe vor euch? Ich will euch einfach abschütteln und vergessen. Weiter nichts."

Und immer, wenn er dann losrennen wollte, versperrten ihm die Steine den Weg. Er hatte das Gefühl, dass es kein Entrinnen gab. Er wollte schreien, doch Angst und Entsetzen schnürten ihm die Kehle zu.

Quast · Metaphorische Geschichten für die pädagogische Praxis

Als er endlich erwachte, stand ihm jedes Mal der Schweiß in dicken Perlen auf der Stirn. Ruhelos schnürte der Mann dann wieder sein Bündel und machte sich auf, um weiterzuwandern.

Wieder einmal war er Stunden und Tage unterwegs, da gelangte er an eine Oase. Es grünte und blühte um ihn herum, und durch die Landschaft schlängelte sich ein Bächlein, das in einen See mit glitzerndem Wasser mündete.

Der Mann schaute ins Wasser und erblickte einen Strudel, der kreisende Wellen auf die Wasseroberfläche trieb. Doch statt des eigenen Abbilds erschien dem Mann im Wasser das Spiegelbild seiner Seele – zu einer erbärmlichen, mitleiderregenden Fratze verzerrt. Entsetzt wandte er sich ab.

„Warum kann ich mir nicht in die Augen blicken?", fragte der Mann das Wasser. „Du musst Klarheit schaffen, dann wird deine Seele Ruhe geben", entgegnete das Wasser. „Habe ich nicht Klarheit geschaffen? Habe ich nicht mit allem gebrochen? Habe ich sie nicht hinter mir gelassen, sie – die Widrigkeiten meines Lebens?"

„Hast du nicht", sprach das Wasser. „Du schleppst sie noch immer mit dir herum." – „Ich wünschte, ich könnte sie endlich abschütteln", entgegnete der Mann verzweifelt. Schließlich wanderte er weiter, um seiner Vergangenheit doch noch zu entkommen.

Nach langem Laufen begegnete er dem Wüstenwind und bewunderte diesen wegen seines freien, ausgelassenen Daseins. „Ich möchte so sein wie du. Lass mich auf deinen Flügeln schweben." Und der Mann bat den Wüstenwind, seine Schwingen auszubreiten, und wollte mit ihm fliegen. Doch der Wüstenwind rüttelte und schüttelte den Mann hin und her, zerrte an ihm und warf ihn schließlich mit einem Stoß zu Boden.

„Dein Rückgrat ist steif von der Bürde deiner unerledigten Probleme. Du musst dich deines Ballastes entledigen und dir Erleichterung verschaffen. Dann wirst du geschmeidig wie eine Feder sein", sprach der Wüstenwind zum Mann und wehte tänzelnd davon. „Ich kann die Last nicht einfach abschütteln. Sie wiegt zu schwer", sinnierte der Mann und fasste schließlich einen Entschluss.

Er sammelte alle Steine auf, lud sie sich auf den Rücken und kehrte nach Hause zurück. Dort begann er, sie zu bearbeiten. Mühevoll machte er sich daran, sie zu schleifen und zu hämmern, zu bohren und zu meißeln. Jeden einzelnen Stein nahm er sich vor und verlieh ihm Form und Gestalt. Danach baute er einen prächtigen Tempel, der ihn zum berühmtesten Steinmetz seiner Zeit machte. Über den Tempel sagte man, dass der Steinmetz ihn mit seiner Weisheit geweiht hatte.

Seither war so manch einer an diese Stätte gepilgert und hatte die Weissagung des Orakels gehört. Dabei erfuhr er auch die Geschichte des Mannes, der in die Wüste geflüchtet war, um seinen Problemen und Nöten zu entkommen.

Quast · Metaphorische Geschichten für die pädagogische Praxis

Der Trotzkopf

Eigentlich hieß er Karl, aber alle nannten ihn den Trotzkopf.

Er hatte nichts anderes zu tun, als stundenlang auf dem Kopf zu stehen und die Welt zur Abwechslung auch einmal von unten zu betrachten.

Um den Spott der Leute kümmerte er sich herzlich wenig. Er liebte einfach seine auf den Kopf gestellte Welt.

„Steh doch endlich auf", rieten die einen. „Stell dich auf die Füße", schlugen die anderen vor. „Du bist ein Narr", lachten die Nächsten über ihn. „Die Welt kann man nur richtig betrachten, wenn man mit seinen Füßen auf dem Boden steht."

„Ihr redet viel und versteht nichts", erwiderte der Trotzkopf nur. Dabei schaute er geradewegs auf seine auf den Kopf gestellte Welt.

Voller Staunen und Neugier betrachtete er die bunte Fantasiewelt bizarrer Formen und Gestalten und bedauerte die anderen wegen ihrer eingeschränkten Sicht.

Der Weg über den Berg

Ein junger Mann begab sich eines Tages zum weisen Nasreddin und bat diesen, ihn von seiner hektischen und unruhigen Lebensart zu befreien. „Steige bis zum Abend über den Hohen Berg und warte dann auf mich."

Kaum hatte der Weise ausgeredet, kletterte der junge Mann auf die Spitze des Berges und sprang, ohne zu zögern, flink wie eine Gämse auf der anderen Seite wieder bergab.

Schweißgebadet und mit rasendem Puls wartete er auf den weisen Nasreddin, doch der ließ sich – wie versprochen – erst am Abend blicken. „Klettere morgen bis zum Anbruch der Dunkelheit über den Mittleren Berg und warte dann auf mich", sprach er zum jungen Mann und verschwand.

Am nächsten Tag geschah das Gleiche wie zuvor: Der junge Mann überwand ächzend und in Windeseile den Mittleren Berg und musste erschöpft und müde bis zum Anbruch der Dunkelheit auf Nasreddin warten. „Bezwinge morgen den Kleinen Berg bis zur Abenddämmerung", sprach Nasreddin zum jungen Mann und ging seiner Wege.

Am darauffolgenden Morgen wollte der junge Mann gerade wieder loseilen, da besann er sich eines Besseren. Er wanderte gemächlich bis zum nächsten Plateau, legte sich ins weiche Gras und hörte den Grillen zu. Dann begab er sich bedächtigen Schrittes auf die Spitze des Kleinen Berges und blickte lange über die Bergketten und die Täler in die Ferne.

Schließlich machte er sich auf zum Abstieg, dabei hielt er – wann immer ihm danach zumute war – wieder und wieder inne. Er saugte den Duft der Bergblumen ein, beobachtete allerlei Getier und genoss die Sonnenstrahlen auf seiner Haut.

Als die Sonne am Horizont verschwand, kam er am Fuße des Berges an. Er fühlte sich gelassen und ausgeglichen. Freudestrahlend schaute er sich nach Nasreddin um. Doch der ließ sich nicht mehr blicken.

Der Wettstreit

Vor vielen tausend Jahren wurde mitten auf einer duftenden Sommerwiese ein kleines Mädchen geboren. Und weil es gleich neben einer Blume zur Welt kam, die den Namen Musizi trug, wurde das Mädchen fortan Muse genannt. Muse wuchs schnell zu einem stattlichen Mädchen heran. Sie war anmutig von Gestalt, lieblich von Antlitz und edel von Gemüt. Doch nicht nur diese Vorzüge zeichneten sie aus. Muse hatte eine seltene Begabung: Sie war imstande, in Sekundenschnelle ihre Worte zu formen und zu gestalten und ihnen rhythmischen Klang und wohltönenden Reim zu verleihen, dass es ein Genuss war, ihr zu lauschen. Tagtäglich versammelten sich die Kunstinteressierten aus der Umgebung um sie herum, um begeistert ihre Reden zu vernehmen.

Eines Tages ereilte die Nachricht vom wortgewandten Wundermädchen, wie Muse von allen genannt wurde, auch den Dichter Konstantinus. Er war seinerzeit der bekannteste Vertreter der Dichtkunst weit und breit. Doch Erfolg und Berühmtheit hatten ihn selbstgefällig und eitel gemacht. Und kaum hatte er die Nachricht über das sprachbegabte Mädchen vernommen, richtete er mit vor Missgunst verzerrtem Gesicht die folgenden Worte an seinen Diener:

Ein Mädchen, das dichtet –
welche Lächerlichkeit.
Ein Mädchen, das sich misst mit mir –
welche Unverfrorenheit.
Drum reite hinaus in die Ferne
und verkünde an jedem Ort:
Wir veranstalten einen Wettstreit
um das klangvollste Wort.

Konstantinus' Diener, gewohnt, die Anweisungen seines Herrn zu befolgen, schwang sich alsbald auf sein Ross und ritt davon, um im ganzen Land den Wettstreit bekannt zu geben. Auch Muse erhielt die Nachricht, und von ihren Freunden ermutigt, erklärte sie sich schließlich bereit, am Wortwettstreit teilzunehmen.

Nun wurden in Windeseile die Vorbereitungen für das Ereignis getroffen, und so dauerte es nicht lange, bis der bedeutungsvolle Tag herangerückt war. Vor der großen Bühne, auf der die beiden Wettstreitenden ihre Kunst zum Besten geben sollten, versammelten sich Tausende von Menschen. Ein Raunen ging durch die Menge, als Muse und Konstantinus schließlich erschienen, und prompt verstummten alle.

Als Erster stellte Konstantinus ein neues Gedicht vor. Seine Worte waren wohlgeformt und fügten sich aneinander, so wie ein Zahnrad präzise in das andere greift. Als er zu Ende gesprochen hatte, spendete die Menge ihm tosenden Beifall. Konstantinus verneigte sich kurz und theatralisch, wie es einem Meister gebührt, und schritt von der Bühne. Das brausende Klatschen der Menschenmenge begleitete ihn dabei.

Erst als Muse sich für ihren Auftritt erhob, wurde es wieder mucksmäuschenstill. Sie ließ eine Ballade verlauten, die die Menschen in Atem hielt. Doch dann hielt sie inne und sprach zur Menge:

Worte sind Rauch und Schall.
Klänge hallen wider und wider im Weltenall.

Nun wiederholte Muse ihre Ballade noch einmal, aber diesmal fügte sie zu jedem Wort einen Ton, zu jeder Zeile einen Rhythmus und zu jedem Vers eine Melodie hinzu. Muse sang ihre Ballade voller Hingabe, und ihr Lied schwang sich in die Lüfte, flog bis zum Horizont und weiter, sodass es von den Himmeln widerhallte.

Als sie ihr Lied beendet hatte, schwieg die Menge vor Ergriffenheit. Dann sprach ein alter Mann mit Tränen in den Augen: „Das war göttlich, einfach göttlich." Die Menge pflichtete ihm bei, und wieder und wieder riefen die Leute: „Muse, deine Kunst ist göttlich. Sie ist so einzigartig, weil sie von Herzen kommt. Hoch sollst du leben." Und sie jubelten dem Mädchen voller Begeisterung zu und priesen ihr Werk immer wieder aufs Neue. Muse war tief gerührt von der Freude der Menschen und dankte ihnen für den herzlichen Empfang.

Und Konstantinus? Der fragt sich wohl bis heute, was die Leute bewogen hat, Muse mehr zuzujubeln als ihm selbst. Und er denkt und grübelt.

Die drei Spiegel

Es war einmal ein Mädchen namens Klara, das lebte ganz allein in einer winzigen Holzhütte am Rande eines Dorfes. Klaras Eltern waren früh verstorben und hatten ihr nichts hinterlassen als die alte, eingefallene Hütte. Ihre Freunde waren längst in andere Gegenden gegangen, und der Hund, der sie früher überallhin begleitet hatte, fand eines Tages eine Hündin und zog davon.

Armut und Einsamkeit nagten an Klaras Lebensfreude und nahmen ihr Mut und Hoffnung. Wenn sie nachts aus ihren Alpträumen erwachte, kam es ihr so vor, als kröche die Angst aus den Ritzen des Hauses hervor und drohte ihr mit schwarzen, unheilvollen Augen. Das Knacken des Holzes im Gebälk klang in ihren Ohren wie Gespenster der Toten, die im Haus umhergeisterten, und das Brausen des Sturmes ließ das Mädchen erschauern wie der Schreckensruf heulender Dämonen. Auch tagsüber fühlte sich Klara nicht besser. Sie beklagte die verlorenen Lieben und weinte über ihr armes, mittelloses Dasein. Doch sie ergab sich ihrem Schicksal und ließ sich von ihm treiben wie ein herrenloses Boot auf hoher See.

Eines Abends klopfte ein alter Zigeuner und Wahrsager, der sich verlaufen hatte, erschöpft an die Tür von Klaras Hütte. Voller Mitleid ließ sie den Zigeuner hinein und bewirtete ihn mit einem kräftigenden Mahl und duftendem Tee aus frischen Wiesenkräutern, was seine Lebensgeister langsam wieder weckte.

Der Fremde war der erste Mensch, der sich seit Wochen in Klaras Hütte verirrt hatte. Dankbar für ihre Gastfreundlichkeit setzte er sich zu Klara und lauschte ihrer Lebensgeschichte. Als das Mädchen seine Erzählung beendet hatte, drangen bereits die ersten Sonnenstrahlen durch das Fenster der Hütte.

Ergriffen von Klaras Schicksal zog der Zigeuner alsdann drei Spiegel aus seinem Rucksack und sagte: „Deine Geschichte hat mein Herz gerührt. Nimm diese drei Spiegel, sie werden dein Leben verändern." So sprach er und reichte dem Mädchen drei Spiegel, deren Glanz schon lange verblichen war. Verwirrt bedankte sich das Mädchen. Daraufhin ließ sich der alte

Zigeuner den Weg bis zum nächsten Ort beschreiben und dankte Klara für Obdach, Speis und Trank. Er verließ die Hütte und war im nächsten Moment wie vom Erdboden verschluckt.

Klara fing schon an zu glauben, sie hätte die Begegnung nur geträumt, doch da lagen noch immer die drei Spiegel. Und als das Mädchen genauer hinschaute, wuchsen die Spiegel bis auf die Größe eines Menschen an und blinkten ihr entgegen. Zögernd trat Klara auf den ersten Spiegel zu und blickte hinein.

Doch voller Grauen wich sie zurück. Statt ihres Spiegelbildes sah ihr eine fürchterliche Gestalt entgegen. Sie war in schwarze Gewänder gekleidet, aus denen hässliche Fratzen stierten. Eine Kapuze umhüllte den geisterhaften Kopf, dessen Augenhöhlen ins Nichts führten. Was dem Mädchen entgegenschaute, war ihre eigene Angst in Person.

„Fliehe vor mir, sonst hat deine letzte Stunde geschlagen", tönte es Klara aus dem Spiegel entgegen. Abrupt wollte sich Klara umdrehen und davonlaufen. Doch ihre Beine ließen sich nicht bewegen. Klara fühlte sich von einer unsichtbaren Kraft festgehalten, die ihren Blick zurück zur Spiegelerscheinung lenkte.

Da fasste sich das Mädchen ein Herz und schaute der Gestalt ins Antlitz. Und je länger das Mädchen der Angst entgegenblickte und ihrer drohenden Gebärde standhielt, desto blasser wurde die Erscheinung, bis sie sich allmählich auflöste. Im Spiegel tauchte das Abbild des Mädchens auf. Mut und Entschlossenheit waren ihm ins Gesicht geschrieben. Es waren Gefühle, die Klara seit Langem nicht mehr an sich erfahren hatte.

Beruhigt durch dieses neue Lebensgefühl wandte sich Klara von ihrem Spiegelbild ab. Doch da fiel ihr Blick auf den zweiten Spiegel. Darin erblickte sie eine weitere Gestalt. Es war ihre eigene Unsicherheit, die eine gespensterähnliche Form angenommen hatte. Ihr Rückgrat war gebrochen und mit krummem Rücken stand sie, Halt suchend, nach vorn gebeugt. Ein Mantel aus feinem Tuch hing in Fetzen herab und bedeckte kaum den dünnhäutigen Körper der Erscheinung.

Am ganzen Leibe zitternd trat die Gestalt einen Schritt zurück und sprach kaum hörbar zu dem Mädchen: „Du bist nichts und kannst nichts. Folge mir in das Reich der Unsicheren und Zweifelnden." Sie streckte ihre knochige Hand aus und lockte das Mädchen: „Komm."

Klara war drauf und dran, der Gestalt zu folgen. Doch im letzten Moment besann sie sich eines Besseren und blieb stehen. Dann blickte sie der Unsicherheit ins Antlitz und sprach schließlich entschlossen: „Nein, bei dir ist kein Platz für mich."

Kaum hatte das Mädchen den Satz ausgesprochen, da löste sich die Gestalt auf und Klara erblickte ihr eigenes Abbild im Spiegel. Voller Selbstbewusstsein stand sie da, mit sicherem Blick und aufrechter Haltung. Noch war sie befremdet und nachdenklich über diese neue Erfahrung.

Eine wehleidige Stimme riss sie aus ihrem Gedankenfluss. Klara trat vor den dritten Spiegel, aus dem das Klagen ertönte. Das Spiegelbild verkörperte die Hoffnungslosigkeit des Mädchens. Ihr Körper bestand aus einer gallertartigen Masse, die zu zerrinnen schien. In der zerfließenden Hand hielt sie eine Fackel, deren Flamme längst erloschen war. Die Gestalt stand auf einem Hügel von zersplitterten Glasscherben, der jeden Moment einzustürzen drohte. Sie reichte dem Mädchen eine Scherbe mit den Worten: „Erlöse dich, mach deinem trostlosen Leben ein Ende."

Nach kurzem Zögern ergriff Klara die Scherbe und warf sie voller Wucht gegen den Spiegel: „Von dir lasse ich mir meinen Weg nicht weisen. Noch brennt in mir das Feuer der Hoffnung." Sie blickte der Hoffnungslosigkeit ins Antlitz – erst ein wenig vorsichtig, doch dann immer entschlossener.

Und als das Mädchen der Hoffnungslosigkeit mit leuchtenden Augen entgegenschaute, entzündete sich die Fackel, und die Gestalt verbrannte in der Glut. Was Klara dann aus dem Spiegel entgegensah, war ihr eigenes Abbild: ein Mädchen voller Zuversicht.

Da packte Klara ihr Ränzlein, verschloss die Hütte für immer und machte sich auf den Weg in ein neues Leben.

Die kleine Brise

Im Lande der Windräder und Pusteblumen lebte einst die kleine Brise. Sie wehte mit einem zarten und empfindsamen Hauch und strich sanft und verhalten über Wiesen, Felder, Berge und Täler.

Eines Tages begegnete die kleine Brise dem Orkan, der sich vor ihr aufblähte und die kleine Brise mit einem solch polternden Lachen verspottete, dass es bis ins Reich der Stille zu vernehmen war: „Hahahaaaaa, was bist du doch für ein schwaches, mickriges Brischen. Mich wundert, dass du es überhaupt wagst, durch die Lüfte zu wehen. Dein unsicheres Gebaren ist eine Schande für die gesamte Winddynastie. Du musst dich kraftvoll aufplustern wie ich: Huuuuuuuh. Und nun mach schleunigst den Abflug und lass dich nicht mehr in meiner Nähe blicken, sonst puste ich dir die Luft heraus."

Mit diesen Worten rollte der Orkan auf die kleine Brise zu. Er kreiste sie mit seinem gefährlichen Wirbel ein, sodass der kleinen Brise beinahe der Hauch wegblieb. Dann jagte der Orkan mit bebenden Nasenflügeln und ohrenbetäubendem Lärm davon und schmetterte alles durch die Luft, was ihm in die Quere kam.

Die kleine Brise blieb verunsichert und aufs Tiefste verletzt zurück. Sie warf sich vor, dass sie sich von dem tobenden Orkan hatte einschüchtern lassen. „Ich hätte mich ihm entgegenstemmen sollen. Warum habe ich es nur geduldet, dass er mich beinahe erdrücken konnte? Ich hätte es zumindest versuchen müssen", ging es ihr wieder und wieder durch den Sinn. Eigentlich sollte sie wütend auf den Orkan sein, stattdessen aber erfasste sie nur große Traurigkeit und Scham über sich selbst.

Schließlich blieb der kleinen Brise nichts anderes übrig, als wieder durch die Luft zu kreisen. Was tun kleine Brisen auch sonst? Sie erhob sich also und schwebte davon. Als sie ihr Lüftchen schon eine Weile durch die Lande geblasen hatte, bemerkte die kleine Brise plötzlich, wie sich die Bäume und Sträucher schmerzklagend in eine Richtung bogen und die kleinen und großen Tiere wie von einer unsichtbaren Gewalt alle in eine Richtung gedrängt wurden.

Quast · Metaphorische Geschichten für die pädagogische Praxis

„Platz da, jetzt komme ich, pfuuuuh", tönte es da auch schon wie aus tausend Fanfaren pfeifend zur kleinen Brise herüber. Es war der zügellose Wind, der ihr nun drohte: „Los, aus dem Weg, du Winzling von einem Hauch. Dies ist meine letzte Warnung!" Er pumpte seine Nasenflügel auf und näherte sich der kleinen Brise in seiner bekannten Windeseile. Wie versteinert blieb die kleine Brise in der Luft hängen. Schon wollte der Wind sie in einer Windhose umherwirbeln, da straffte sie ihre Nasenflügel und blähte sich auf – erst ein wenig, dann ein bisschen mehr. Und als sie spürte, dass sie immer noch genügend Spannkraft besaß, holte sie ganz tief Luft und schleuderte dem Wind eine so starke Brise entgegen, dass er anfing zu taumeln.

Verdutzt hielt er inne, und als die kleine Brise von Neuem ihre Nasenflügel weitete, machte sich der Wind schnurstracks von dannen. „Oh, es geht ja. Ich muss nur tief Luft holen und die Nasenflügel mit aller Wucht auseinanderpressen", dachte die kleine Brise und spürte stolz ihre hinzugewonnene Stärke.

Von Neuem schwebte sie – nun weitaus vergnügter – durch die Landschaft, da vernahm sie ein gewitterähnliches Grollen. Es war der Sturm, der umherjagte und alles durcheinanderwirbelte. Ohne Erbarmen entwurzelte er die Bäume und ließ die Tiere durch die Luft flattern, dass es aussah, als hätten auch die Füchse, Hasen und Eichhörnchen Flügel. „Weg da, sonst schieße ich dich mit einem einzigen Sturmstoß auf den Mond", donnerte er der kleinen Brise entgegen. „Das werden wir ja sehen", entgegnete die kleine Brise lautstark und selbst ein bisschen erstaunt über so viel Mut. Der Sturm zeigte sich von diesen Worten aber wenig beeindruckt und fegte mit Karacho auf die kleine Brise zu.

Da pumpte die kleine Brise reichlich Luft in sich hinein, blähte ihre Nasenflügel kraftvoll und warf sich dem Sturm kühn und trotzig entgegen, dass er wie ein Betrunkener torkelte. „Du trittst besser den Rückzug an. Oder soll ich dir noch Rückenwind geben?", rief die kleine Brise dem Sturm verwegen zu. Dieser hatte es auf einmal sehr eilig, sich in die Wolken abzusetzen. „Oh, ich kann ja wütend werden", erkannte die kleine Brise erstaunt. „Und wie!" Sie genoss diese neue Erfahrung und bemerkte zufrieden, wie sie nun auch an Umfang zugenommen hatte.

Bald wehte die kleine Brise mit voller Leibeskraft durch die Wolken und trieb sie so lange vor sich her, bis diese erschöpft innehielten und ihr Schweiß auf die Erde herabregnete. Gerade hatte die kleine Brise beschlossen, noch höher zu steigen, da fegte ein schwarzer Wirbel auf sie zu und grollte mit seiner Donnerstimme: „Du schon wieder, du lächerlicher Brisenzwerg! Habe ich dich nicht gewarnt, dich von mir fernzuhalten? Pass auf, deine letzte Stunde hat geschlagen. Huuuuuuuuh."

Erst war der Brise etwas ängstlich zumute. Aber dann verwandelte sich ihre Angst in eine unbändige Wut. „Würdest du mir noch einen letzten Wunsch erfüllen?", fragte sie den Orkan mit entschlossenem Blick. „Lass uns kämpfen." Da fing der Orkan an, brüllend zu lachen, und polterte der kleinen Brise entgegen: „Kämpfen nennst du das, wenn ich dir gleich den Atem ersticke? Aber wie du meinst, lass uns kämpfen. Hahahaaaaaa."

Der Orkan blähte sich auf, und die Brise tat es ihm gleich. Dann spannte der Orkan seine Nasenflügel, und auch die Brise presste ihre kraftvoll auseinander. Nun brauste der Orkan mit rasender Geschwindigkeit auf sie zu, doch auch die Brise näherte sich ihm pfeilschnell. Voller Wucht straffte sie ihren Körper und stemmte sich dem Orkan entgegen. Dann schmetterte sie einen Luftstoß auf ihn zu, der ihn zum Straucheln brachte. Als die Brise ihren Körper erneut anspannte, wich der Orkan plötzlich zurück. Er machte kehrt und wirbelte tosend davon.

„Hurraaaaaa", rief da die kleine Brise. „Ich habe den Orkan besiegt! Habe ich nicht wunderbare straffe Nasenflügel und einen überaus fülligen Luftkörper?", fragte sich die kleine Brise und blickte voller Freude in den See, um ihr Spiegelbild zu bestaunen. Doch als sie sich im glasklaren Wasser betrachtete, wollte sie ihren Augen nicht trauen. Was die kleine Brise im See erblickte, war ein großer, kraftvoller Orkan.

„Ich habe mich in einen Orkan verwandelt", staunte sie noch immer ungläubig. „Ich bin ein Orkan und kann mich wehren. Und wenn ich möchte, kann ich richtig wütend werden. Jetzt wird mich niemand mehr verspotten." Mit diesen Worten stieg sie voll Freude in die Wolken auf. Dort zauberte sie ein pompöses Sommergewitter mit dem prächtigsten und schillerndsten Regenbogen, den man bis heute gesehen hat.

 Quast · Metaphorische Geschichten für die pädagogische Praxis

Die Last

Es war einmal ein greiser Wanderer, der trug einen zentnerschweren Sack auf seinen Schultern. Ganz gebeugt war sein Rücken von der Bürde seiner Last.

Kopfschüttelnd liefen die Leute an ihm vorbei und so manch einer riet ihm, den Sack einfach abzuwerfen. Doch der Wanderer schüttelte lächelnd seinen Kopf und lief bedächtigen Schrittes weiter.

Eines Tages begegnete ihm ein kleiner Junge. Neugierig beobachtete er den Wanderer eine ganze Weile, fasste sich schließlich ein Herz und fragte ihn: „Was für eine Last schleppst du da mit dir herum? Und wie kann es nur sein, dass du trotz dieser Bürde auf deinen Schultern noch immer lächeln kannst?"

„Es sind die Hürden meines Lebens, die ich alle bezwungen habe. Ich trage sie mit mir herum vor Freude, dass sie mir auf meinem Weg zur Erkenntnis begegnet sind", entgegnete der alte Wanderer und lief weiter.

Die Narren

Ein Narr lief in der Stadt umher und verkündete allen, die vorüberkamen: „Das Licht hat drei Beine."

Die Leute lachten, gingen weiter, und wenn ihnen jemand begegnete, erzählten sie ihm: „Stell dir vor, in der Stadt läuft ein Verrückter umher und erzählt jedem, das Licht habe drei Beine."

Es vergingen ein paar Tage, und die Leute redeten miteinander und erzählten sich viel.

Dann vergingen noch einmal so viele Tage, und die Leute liefen umher und sagten einer zum anderen: „Hast du das schon gehört? Hast du das schon gewusst? – Das Licht hat drei Beine."

Quast · Metaphorische Geschichten für die pädagogische Praxis

Die Schattenmenschen

Vor Tausenden von Jahren lebten im Land der Finsternis die Schattenmenschen. Man sagte von ihnen, dass sie ihren Lebtag lang nicht das Licht erblickt hatten. Stattdessen mussten sie sich mit der trostlosen Dunkelheit abfinden.

Die Last ihres düsteren, freudlosen Daseins hatte ihnen frühzeitig das Rückgrat gekrümmt, und die Melancholie hatte tiefe Rillen und Furchen in ihre Gesichter gegraben.

Um die Tradition zu bewahren, reichte die Generation der Urgroßeltern ihren Kindern, Enkeln und Urenkeln die Bürde ihrer Erfahrung jahrhundertelang weiter: ein Leben in der Finsternis zu fristen und sich dem Joch dieses Schicksals zu beugen.

Schon lange ist das Volk der Schattenmenschen ausgestorben, ohne dass auch nur ein einziger Schattenmensch mit dem düsteren Erbe gebrochen und sich lichtere Lebenswelten erschlossen hätte.

Das Unbekannte schien ihnen wohl zu bedrohlich und die Vorstellung, dass es plötzlich Licht werden sollte, utopisch.

Vielleicht ängstigten sich die Schattenmenschen aber auch, von einer plötzlich auftretenden Helligkeit geblendet zu werden.

So mancher wähnt sich sicherer, zeitlebens im Dunkeln zu tappen.

Die streitsüchtigen Nachbarinnen

Einst stritten sich zwei Nachbarinnen darüber, welche die Schönere von beiden sei. „Ich bin viel schöner als du", rühmte sich die eine. „Schau nur, meine golden glänzenden Locken! Leuchten sie nicht prächtig im Licht der Sonne?"

„Du willst die Schönere sein? Dass ich nicht lache! Sieh mich doch an! Habe ich nicht eine Haut so zart und fein wie Elfenbein?", entgegnete die andere selbstverliebt. „Nein, ich bin die Schönere", widersprach die Erste. „Das ist nicht wahr", gab die Zweite sofort zurück. „Ich bin überhaupt die größte Schönheit weit und breit."

So stritten sie tagelang miteinander und beschlossen schließlich, den Kadi aufzusuchen, damit dieser ein Urteil über die Schönheit der Nachbarinnen abgab. Kaum hatten sie den Beschluss gefasst, machten sich die beiden Frauen schnurstracks auf den Weg zum Kadi und trugen ihm den Grund ihres Streits vor.

Der Kadi betrachtete die beiden eine ganze Weile, räusperte sich schließlich und sprach: „Ihr wollt also wissen, wer die Schönere von euch beiden ist. So hört nun meinen Rat: Fragt den Tau in der Morgendämmerung, die Sonnenstrahlen am helllichten Tag und die Sterne in der stockdunklen Nacht." Verwundert bedankten sich die beiden Nachbarinnen und zogen von dannen.

Am nächsten Morgen standen sie in aller Frühe auf und wanderten zu den grünen Wiesen, auf denen der Tau wie tausend Perlen auf den Gräsern glitzerte. „Sag du uns, Tau in der Morgendämmerung: Wer ist die Schönere von uns beiden?", fragten die beiden Frauen den Tau. Sie warteten geduldig auf eine Antwort. Doch der Tau blieb stumm.

Enttäuscht machten die beiden Nachbarinnen schließlich kehrt und zogen nach Hause. Dann warteten sie, bis die Sonne über dem höchsten Gipfel der Berge stand und die ganze Welt zum Strahlen brachte. Doch als die goldgelbe Sonne die Frage der Frauen vernahm, schwieg auch sie.

Quast · Metaphorische Geschichten für die pädagogische Praxis

So blieb den beiden nichts anderes übrig, als bis zur Abenddämmerung zu warten. Lange mussten sie sich gedulden, bis die Dunkelheit ihre samtenen Schleier über die Erde legte. Und bald darauf begannen auch die Sterne zu leuchten, sodass der Himmel aussah, als wäre er mit unzähligen Edelsteinen übersät.

Begierig, endlich die Schönere genannt zu werden, lief zuerst die eine und nicht viel später auch die andere Frau in die Nacht hinein, und beide stellten ihre Frage wieder und wieder: „Bin ich die Schönere von uns beiden?" Doch auch die Sterne schwiegen beharrlich, sooft sie auch gefragt wurden.

Verbittert liefen die Frauen endlich nach Hause. In den verbliebenen Stunden der Nacht schliefen sie unruhig. Am frühen Morgen standen sie beizeiten auf und begannen ihren Streit von Neuem. So ging es Tag für Tag, Woche für Woche, Monat für Monat und Jahr für Jahr. Die Nachbarinnen stritten und ereiferten sich.

So vergingen viele Jahre, und eines Morgens kam ein Fremder an den beiden Frauen vorüber. Sie hielten ihn an und baten ihn, die Schönere von ihnen zu benennen. Ungläubig betrachtete der Fremde die Frauen, schüttelte den Kopf und entgegnete ihnen: „Keine von euch ist die Schönere. Ihr seid beide alt und grau, und eure Gesichter tragen die tiefen Furchen des Neids und der Missgunst."

Erschrocken betrachtete jede der beiden Nachbarinnen ihr Spiegelbild im schillernden Wasser des Sees und fand bestätigt, was der Fremde verkündet hatte. Da stellten die Frauen voller Wehmut fest, dass ihre Jugend und ihre Reifejahre längst verflossen waren. Verbittert und enttäuscht mussten sie sich eingestehen, dass ihr Streit sie um ihre besten Lebensjahre gebracht hatte. Alt und zermürbt, wie sie waren, begruben sie ihren unnützen Streit für immer.

Und vielleicht halfen ihnen nun der Tau in der Morgendämmerung, die goldgelbe Sonne am helllichten Tag und die glitzernden Sterne in der stockdunklen Nacht, die Welt und sich selbst mit weiseren Augen zu betrachten.

Die Wolke und das Meer

Einst schwebte über dem Land der azurblauen Gewässer eine kleine Federwolke. Diese Wolke liebte es abgöttisch, einfach so dahinzufliegen und die Welt von oben zu betrachten.

Das Land der azurblauen Gewässer hatte es ihr besonders angetan, denn die kleine Federwolke verehrte das strömende und stille Nass auf innige Weise. So schaute sie verzückt auf die Landschaft, die sich unter ihr ausbreitete, und tauchte ihren Blick in jede noch so unscheinbare Pfütze, in perlende Bächlein, mäandernde Flüsse, reißende Ströme und tief in den Tälern ruhende Seen. Ab und zu schwebte die kleine Wolke auf die Erde hinab und spiegelte sich in einem der unzähligen Gewässer. Sie zwinkerte ihrem Spiegelbild zu, das gar wunderschön ausschaute, wie es in den azurblauen Wellen unter ihr gleich einer Zwillingsschwester dahinströmte.

So segelte die kleine Federwolke tagein und tagaus durch das Land der azurblauen Gewässer, bis sie mit einem Mal über dem riesigen Meer schwebte. Sie hatte dieses noch niemals zuvor gesehen und war fasziniert von dessen unendlich anmutender Weite. Vollkommen in seinen Bann gezogen, erschauerte die kleine Federwolke verzückt, als sie den Wellen zuschaute, wie sie im Atem der Meeresbrise wippten und ewig in die Ferne zu strömen schienen.

„Oh, wie schön du bist", rief da die kleine Wolke dem Meer zu. „Welche Erhabenheit, welch unbeschreiblicher Zauber von dir ausgeht. Ach, wenn ich doch eins sein könnte mit dir. Wie gern würde ich in dich eintauchen und mit dir gemeinsam die Ufer des Horizonts umspülen", wünschte sich die kleine Federwolke. Das Meer indes blieb stumm und erwiderte die Schwärmerei der Wolke nicht. So blieb ihr nichts anderes übrig, als tagtäglich über dem Meer zu kreisen und weiterzuträumen.

„Gib die Hoffnung auf", empfahl ihr der Sturm eines Tages. „Wie oft habe ich schon versucht, mit den Wellen zu tanzen. Doch sobald ich das Meer zum Reigen bat, stemmte sich mir die Brandung trotzig entgegen und schob mich einfach weg." – „Wie traurig", entgegnete die kleine

Federwolke, doch der Sturm brachte sie nicht davon ab, weiter auf die Zuneigung des Meeres zu hoffen.

„Vergiss deinen Traum, eins mit dem Meer zu werden", riet alsdann die Sonne der kleinen Wolke. „Sieh mich an. Jeden Tag versuche ich, das Meer zu umschmeicheln und zu liebkosen. Doch abends, wenn ich es beinahe berühre, bin ich dazu verbannt, am Horizont unterzugehen." – „Das tut mir leid für dich", erwiderte die Wolke, doch ihre Leidenschaft für das Meer konnte sie sich nicht aus der Seele reißen.

„Du vergeudest deine schönsten Jahre. Gib deine Schwärmerei besser auf, sonst ist es irgendwann zu spät", mahnte der Blitz die Federwolke. „Wie viele meiner liebestollen Brüder wurden bisher ausgelöscht, als sie auf dem Meeresspiegel auftrafen." Doch die Wolke ließ sich nicht von ihrem Wunsch abbringen, sich mit dem Meer zu vereinen.

„Ich liebe dich, du stolzes Blau", rief sie eines Tages dem Meer zu. Doch dieses blieb stumm. „Warum gibst du mir kein Zeichen? Bin ich dir wirklich ganz und gar gleichgültig?", wandte sich die Wolke traurig an das Meer. Doch auch dieses Mal schwieg das Meer. „Wie kannst du meine Liebe so einfach zurückweisen? Bin ich deiner nicht würdig? Rede doch wenigstens ein einziges Mal mit mir", flehte die Wolke. Als sie wiederum keine Antwort vom Meer erhielt, fing sie an, bitterlich zu weinen.

Tausende und Abertausende Tränen über ihre unerfüllte Liebe verströmte die kleine Federwolke. Sie rannen hinab und ergossen sich in die Wogen des Meeres. Schon bald war von der Wolke nicht eine einzige weiße Wolkenfeder mehr übrig geblieben.

So wurde die Wolke eins mit dem Meer und verschwand für immer in seinen Fluten. Ihre Tränentropfen aber träumen noch heute von der kleinen Federwolke, die sich in das riesige Meer verliebt hatte.

Die Zauberkugel

Eine Schnecke, ein Vogel und ein Hase standen vor einem magischen Baum, an dessen oberem Wipfel eine funkelnde Zauberkugel hing. Sie beschlossen, dem Geheimnis der Kugel auf die Spur zu kommen. Doch wie sollten sie die Kugel erreichen? Lange überlegten sie, auf welche Weise sie zum Wipfel des Baumes gelangen könnten. „Lasst uns zur Baumkrone fliegen", trällerte der Vogel und flatterte mit seinen Flügeln. Der Hase ließ seine Ohren kräftig hin und her wackeln, bis sie schmerzten, doch als Flügel ließen sie sich nicht gebrauchen. Die Schnecke kreiste mit ihren Fühlern, doch auch ihr gelang der Flugversuch nicht.

„Wie wäre es denn mit einem Dreifachsalto?", rief der Hase munter und setzte zum ersten Hopser an. Der Vogel versuchte es erst einmal mit einem Einfachsalto, doch er stellte sich taumelnd wieder auf seine Beine und zwitscherte irritiert: „Ich habe nun einmal Flügel und keine Sprungbeine." Die Schnecke probierte es gleich gar nicht und gebot den beiden anderen Einhalt: „Haaaaalt, iiiiich bin dafüüüür, dass wiiiiiir auf den Baaaaaaum kriiiiiiiechen." Dann kroch sie eine Ehrenrunde. „Wie soll ich denn kriechen?", fragte der Hase. „Sehe ich aus wie ein Wurm? Etwas Besseres ist dir wohl nicht eingefallen?", setzte er hinzu und schmollte. „Man kann es ja einmal versuchen", lenkte der Vogel ein. Dann machte er eine komische Verrenkung, dass er fast umkippte. Nun sah auch er es ein, dass er kein Kriechtier war.

„Was sollen wir bloß tun?", fragten sich die drei Freunde. Allzu gern hätten sie gemeinsam den Baum erklommen, um an die Zauberkugel zu gelangen. „Wie wäre es, die drei Weisen zu befragen?", schlug der Vogel vor. „Dann lasst uns aufbrechen", antworteten die beiden anderen.

Die drei begaben sich zum Eichhörnchen, zum Affen und zur Katze. „Hört mal, ihr drei Weisen, ihr werdet uns sicher helfen können. Wisst ihr, wie wir gemeinsam zum Wipfel des Baumes gelangen, um das Geheimnis der Zauberkugel zu erfahren?", wandten sich die drei Freunde an die drei Weisen. „Ihr müsst lernen, euch von Ast zu Ast und von Zweig zu Zweig zu schwingen", bekamen sie zur Antwort.

Daraufhin übten sich die drei Freunde im Schwingen, wie ihnen geheißen worden war. Doch obwohl sie sich anstrengten und bemühten, blieben sie erfolglos. „Daraus wird nichts", riefen die drei plötzlich wie aus einem Munde. „Aber was können wir nun noch tun?", fragten sie sich enttäuscht über ihre vergebliche Müh'.

Lange dachten sie nach, bis der Vogel zwitscherte: „Wenn ihr nicht fliegen könnt, dann fliege ich eben allein." Kaum hatte er den Satz ausgesprochen, flatterte er schon in die Höhe. „Dann springe ich eben", fühlte sich der Hase angespornt und ging in die Hocke, um einen Dreifachsalto zu starten. „Laaaangsaaaam", rief die Schnecke. „Laaaaasst mich niiiiicht alleeeeein." Und mit einem für eine Schnecke rasenden Tempo kroch sie am Baumstamm empor.

Als schließlich alle die Zauberkugel erreicht hatten, begann diese sich zu drehen und sang:

Einer fliegt, einer kriecht, einer springt.
Egal wie er's tut,
Hauptsache, es gelingt.

Und die Zauberkugel sandte einen leuchtenden Strahl zu den drei Freunden. Da traf die drei ein Blitz der Erkenntnis, und seither versuchte der Vogel kein Salto mehr. Die Schnecke hatte ihre Flugversuche für immer aufgegeben, und der Hase kicherte amüsiert, wenn er an sein Bemühen dachte, sich wie ein Affe gebärden zu wollen.

Drachenblitz und Erde

Es war einmal ein selbstherrlicher, prahlerischer Drachenblitz, der funkte durch die Lande und führte sich auf wie ein Besessener. Er spie lodernde Flammen und zuckende Feuerschlangen aus vier Mündern gleichzeitig, besaß er doch vier Köpfe, einer fürchterlicher als der andere.

Und überall, wo er auftauchte, stürmten Menschen und Tiere fluchtartig davon, um seinem zerstörerischen Schlag zu entkommen. „Ich bin der Mächtigste weit und breit", donnerte der Drachenblitz aus seinen vier Mäulern. Wild flimmerten dabei seine vier Augenpaare, und er schlug mit seinen unzähligen Funkenarmen um sich.

„Verschone mich bitte", flehte der vom Regen feuchte Asphalt, als sich ihm der Drachenblitz bedrohlich näherte. „Warum sollte ich das tun, wo ich doch auf deiner feuchten Oberfläche so herrlich zucken kann?", höhnte der Drachenblitz. Sein Spiegelbild auf dem glänzenden Asphalt bewundernd, stellte er selbstverliebt fest: „Wie schön ich bin, und was für wunderbare feuerspeiende Köpfe ich habe! Ich muss einfach umherblitzen und vernichten, was mir in die Quere kommt. Das bin ich meinen Köpfen schuldig", fuhr er fort und setzte zur Jagd über den Asphalt an.

Dann zuckte er unheilverkündend auf und riss mit dem kleinsten seiner Köpfe eine tiefe Wunde in den Asphalt, dass dieser weit auseinanderklaffte. „Aaaaaaaaaaah", entfuhr es dem kleinsten Kopf des Drachenblitzes, erst laut und mit schneidender Stimme, dann aber immer leiser und leiser, bis er gänzlich verstummte.

„Nein, das habe ich nicht verdient", rief der Drachenblitz wütend. „Jetzt habe ich nur noch drei Köpfe." Doch seine Entrüstung über den verlorenen vierten Kopf spornte ihn noch mehr an, und er beschloss, sein vernichtendes Tun fortzusetzen. „Mein ist die Welt! Mich kann niemand bändigen, auch wenn ich nur noch drei Köpfe besitze", triumphierte der Drachenblitz und näherte sich mit flammenden Zungen einer uralten Eiche.

Quast · Metaphorische Geschichten für die pädagogische Praxis

„Gnade", bat der knorrige Baum. „Hab Erbarmen mit mir." – „Was erwartest du von mir, dem Allmächtigen und Gnadenlosen?", entgegnete der Drachenblitz ohne Mitgefühl. Dann fuhr er mit einem Schlag und den flackernden Zungen seines zweitkleinsten Kopfes mitten in den Stamm der uralten Eiche und spaltete diese in zwei Teile. „Huiiiiiiiiiiiii", entfuhr es dabei dem zweitkleinsten Kopf mit scharfer Stimme, die anfangs klang wie das Quietschen eines Sägeblattes, doch nach und nach verebbte.

„Ach, diese Schmerzen", klagten die beiden Eichenhälften und weinten bitterlich. Und während die Eiche nun aus zwei Teilen bestand, besaß auch der Drachenblitz nur noch zwei Köpfe. Zuerst war er irritiert über den Verlust eines weiteren Kopfes, doch lange währte seine Verunsicherung nicht; und der Drachenblitz verkündete voller Selbstherrlichkeit: „Ich bin der Stärkste weit und breit! Auch mit zwei Köpfen bin ich noch immer unbesiegbar." Er sprang feuerspeiend vorwärts auf der Suche nach einem weiteren Opfer.

Lange musste er sich nicht umschauen. Denn bald entdeckte er einen kunstvoll verzierten Zwiebelturm, an dessen Pracht sich schon viele erfreut hatten. „Schönheit steht keinem außer mir zu", entrüstete sich der Drachenblitz und bäumte sich auf.

Voller Wucht fuhr er in den Turm und spuckte feurige Lava aus einem seiner übrig gebliebenen Köpfe. Dabei sprengte er den Turm in mehrere Teile, die unter seinen Feuerzungen im Nu zu einem Häuflein Asche verbrannten. „Geschaaaaaafft", rief der Drachenkopf, der in den Turm gefahren war. Zuerst klang sein Ruf triumphierend, doch schnell ließ die Kraft seiner Stimme nach, bis sie erstarb.

Außer sich vor Wut, dass er nun nur noch einen Kopf besaß, spie der Drachenblitz einen wilden Funkenregen, der alles verbrannte, was sich in seiner Reichweite befand. „Wehe euch allen! Verneigt euch vor mir, sonst vernichte ich euch!", drohte der Drachenblitz der ganzen Erde und ihren Bewohnern. „Mit meinem größten Kopf bin ich immer noch unschlagbar", rühmte er sich lauthals.

„Mich bezwingst du nicht", vernahm da der Drachenblitz eine entschiedene Stimme. Es war die eherne Mutter Erde selbst, die sich vom Drachenblitz nicht einschüchtern ließ. „Wer wagt es, sich mir entgegenzustellen?" – „Ich", erklang die Stimme der Erde von Neuem. „Aus meinem Schoß tauchst du nie wieder auf." – „Du willst mich verleiten und mich dann für ewig entführen? Dass ich nicht lache. Warte nur, gleich zerstöre ich dich!", kündigte sich der Drachenblitz mit drohender Stimme an und schlug mit Gewalt in die Mutter Erde ein.

Da sich die Erde jedoch nicht sonderlich erschüttern ließ, wurde der Drachenblitz nur noch bösartiger. Voller Wut durchdrang er die Erdoberfläche. Doch die lodernden Zungen seines letzten Kopfes verzweigten sich in Tausende winzige Zünglein, die einen Moment lang kraftlos durch das Erdreich drangen, bevor sie für immer erloschen. Der Drachenblitz war besiegt.

Ob ein Drachenblitz mit fünf oder gar noch mehr Köpfen am Ende wohl weiser gehandelt hätte?

Errorius im Labyrinth

Es gab einmal ein Land namens Perfektionien, da war es verpönt, auch nur den geringsten Fehler zu machen. Deshalb hatten die Perfektionier auch eines Tages alle Fehler des Landes verbannt und ihnen strengstens befohlen, niemals wieder zurückzukehren. Nur einem Fehler mit Namen Errorius war es gelungen, im Land zu bleiben. Seit Wochen irrte er nun schon überall umher, um sich nach einer Bleibe umzuschauen.

Auf seiner Suche gelangte er auf eine Baustelle, auf der ein prunkvoller Palast errichtet wurde. Errorius wandte sich bittend an den Palast: „Würden Sie mir vielleicht gestatten, in Ihrem Dachgewölbe unterzuschlüpfen? Es ist doch schon ein wenig kalt hier draußen." – „Meinetwegen", stimmte der Palast zu.

Hocherfreut kletterte Errorius bis zum Dachgewölbe und machte es sich dort so richtig bequem. Er zwinkerte verschmitzt einem Ziegelstein zu und bot diesem an: „Warte mal. Du sitzt so fest. Da kann man ja gar nicht atmen … So, jetzt hast du mehr Platz." Kaum aber hatte Errorius den Ziegelstein ein wenig verrückt, da geriet das gesamte Gewölbe ins Wanken und stürzte polternd in sich zusammen. „Wir hätten uns nicht mit dir einlassen sollen. Wer duldet auch schon einen Fehler?", brüllten die Palastmauern Errorius an. „Scher dich weg und untersteh dich, dich noch einmal hier blicken zu lassen."

So blieb Errorius nichts anderes übrig, als sich wieder auf den Weg zu machen. „Niemand mag einen Fehler. Dabei bin ich doch solch ein charmanter Bursche", ging es Errorius durch den Kopf. „Ob ich wohl noch ein Obdach finden werde?"

Inzwischen war er an einer riesigen Uhr angelangt. Ihre Zeiger hatten es Errorius angetan. „Wäre es unter Umständen möglich, dass ich auf deinem Zifferblatt Einzug halte?", fragte Errorius die Uhr. „Ich könnte gar herrlich mit deinen Zeigern Tango tanzen", bot er sich mit einladender Geste an. „Wenn du willst", brummte die Uhr gleichgültig.

Da sprang Errorius mit einem Satz mitten auf das Ziffernblatt. Erst einmal brachte er die Ziffern richtig durcheinander, sie schauten auch allzu geordnet und langweilig drein. Dann forderte er den kleinen Zeiger zum Tango auf, und die beiden drehten sich graziös im Rhythmus der Turmglocken. Doch, oh Schreck, als die Glocken die sechste Stunde einläuteten, ging die Uhr um Stunden vor. „Fort mit dir", herrschte sie Errorius an. „Du bringst alles durcheinander. So einen wie dich brauche ich nicht."

Beleidigt wanderte Errorius weiter und jammerte: „Nirgends bin ich erwünscht. Kann denn wirklich niemand etwas mit einem netten, geistreichen Fehler anfangen?" Errorius lief und lief, bis er sich mitten auf einer Festwiese befand. Dort drehten sich bunt bemalte Karussells, quietschten die Wagen einer kleinen Eisenbahn und lachten große und kleine Leute um die Wette. Auf einer grünen Rasenfläche befand sich ein Labyrinth mit verwinkelten Pfaden.

Zögernd näherte sich Errorius dem Labyrinth, fasste sich ein Herz und fragte dieses schließlich: „Wie gern würde ich auf deinen geheimnisvollen Wegen lustwandeln! Gestattest du mir, bei dir einzuziehen?" – „Warum nicht", meinte das Labyrinth. „Du kannst dich ja den Leuten in die Quere stellen, wenn sie vom rechten Weg abkommen. Da machst du dich richtig nützlich." – „Oh, danke. Ich werde mein Bestes tun", versprach Errorius und sprang vor Freude mit einem Salto in das Labyrinth. Und immer, wenn sich jemand in der Richtung irrte, versperrte ihm Errorius den Weg. Das machte er so meisterhaft, dass von nun an ein jeder mit seiner Hilfe das Ziel erreichte.

So wurde der Fehler zum Wegweiser und brachte diejenigen, die ihn ausfindig machten, wieder auf die richtige Bahn. Was für eine willkommene Entdeckung ein Fehler doch sein kann!

Fettauge und Wassersuppe

Es war einmal ein Fettauge, das glänzte und glitzerte in den herrlichsten Regenbogenfarben. Als es im heiratsfähigen Alter war, beschloss es, sich eine Braut zu suchen. Kaum hatte es diesen verführerischen Gedanken aufkommen lassen, schwamm es eilig auf und davon.

Es dauerte gar nicht lange, da traf es das Löschblatt, welches verlockend vor sich hin raschelte und knisterte. „Willst du meine Braut werden?", fragte das Fettauge sogleich und ließ seine Regenbogenfarben im Sonnenlicht tanzen. „Niemals", wies das Löschblatt den Antrag entrüstet zurück. „Wenn ich dich erst einmal eingesogen habe, kriege ich dich nicht mehr los. Nein, meine Freiheit ist mir heilig. Außerdem bin ich bereits mit dem Wind verlobt." Kaum hatte es diesen Satz ausgesprochen, flatterte es vergnügt in den Armen des Windes davon.

„Schade", seufzte das Fettauge. „Aber vielleicht möchtest du mich heiraten?", fragte es den Seidenschal und blinzelte schwärmerisch. „Ha, dass ich nicht lache. Du ziehst bei mir ein und klebst ewig in meinem kunstvollen Muster herum. Niemals! Ich gehe allenfalls eine lockere Bindung mit dem zarten Hals von Mathilde ein." – „Welch ein Jammer! Ich finde wohl keine Braut mehr", flüsterte das Fettauge betrübt. Es weinte winzige Tränen, die wie Perlen des Meeres glitzerten.

„Mir könntest du schon gefallen!", plätscherte da die klare Stimme der Wassersuppe. „Komm, lass uns den Hochzeitsreigen tanzen." Voller Begeisterung sprang das Fettauge in die Wassersuppe. „Sind wir nicht ein vollkommenes Paar?", jauchzten die beiden im Rausche ihres Kusses. Wirbelnd schmiegten sie sich aneinander und flossen und strömten dahin. Als sie abkühlten, trennten sie sich, und die Wassersuppe ruhte unten, und das Fettauge schwamm obenauf.

Ein perfektes Paar, das sich niemals zu nahe kam und doch auf innige Weise verbunden war!

Janis bleibt

Im Dorf am Berghang war alles im Aufbruch. Die Bauern luden ihr Gepäck auf ihre Karren, spannten die Esel davor und wanderten ins Tal. Die Dürre hatte ihre Ernte vernichtet, und sie waren in Sorge, wie sie den Winter überleben sollten. Deshalb machten sie sich auf, um in der Stadt ihr Glück zu versuchen.

Alles war in Bewegung: Karren holperten die schlecht gepflasterten Straßen entlang. Kinder schrien aufgeregt. Alte gaben weise Ratschläge, und ab und zu stieß ein Esel einen gequälten Schrei aus.

Das Dorf, das sie schon beinahe hinter sich gelassen hatten, wirkte wie ausgestorben, fast geisterhaft. Als sie an den Ortsausgang gelangten, bemerkte jemand, dass der alte Janis zurückgeblieben war. Man schickte den Burschen Pedro wieder ins Dorf zurück, damit dieser nach Janis schaute. Er fand ihn im Hinterhof, wo er sinnend in die Berge blickte.

„Beeil dich, Janis", trieb ihn der Bursche an. „Wir haben bereits alle das Dorf verlassen. Du bist der Letzte." – „Ich bleibe hier", antwortete Janis leise, doch mit fester Stimme.

„Warum nur? Hier ist doch alles verdorrt und vertrocknet", wunderte sich der Junge. „Kennst du die Geschichte vom alten Feigenbaum?", fragte Janis scheinbar ohne Zusammenhang. Kopfschüttelnd verneinte der Junge. „Hör zu, dann wirst du mich vielleicht besser verstehen." Und der Alte begann zu erzählen:

„Es war einmal ein alter Feigenbaum, der stand schon viele, viele Jahre an der Dorfkirche. Im Frühling begannen seine Knospen zu springen, im Sommer wuchsen süße Feigen an seinen Zweigen und im warmen Winter ruhte er sich aus, bis er im nächsten Frühling wieder neue Knospen trug. Er trotzte dem Wind und den Stürmen, labte sich am Regenwasser und ließ seine Früchte in der Sonne reifen. So wäre er sicher über hundert Jahre alt geworden, aber es kam ganz anders.

Quast · Metaphorische Geschichten für die pädagogische Praxis

Eines Tages besuchte ein Fremder das Dorf und überzeugte die Bauern davon, den Baum zu verpflanzen. Er wollte ihn mit in seine Heimat nehmen, in der es keine Feigenbäume gab. So grub man die riesigen Wurzeln des Baumes aus, packte ihn auf einen großen Wagen und fuhr ihn viele Kilometer weit in eine andere Gegend, wo die Sommer kühler waren und im Winter dichter Schnee fiel. Dort pflanzte der Fremde den Feigenbaum in die Erde und hoffte auf süße Feigen.

Der Baum aber, der die Muttererde und das milde heimatliche Klima vermisste, wurde welk und kahl – erst langsam, dass man es kaum bemerkte, dann immer schneller und schneller.

Vom Wind wurde er gebeugt, vom vielen Regen faulten seine Wurzeln, die Sonne vermochte seine wenigen Früchte nicht mehr reifen zu lassen und sie fielen herunter. Als in einem Jahr ein besonders raues Wetter herrschte, erfror er eines Nachts in der Eiseskälte des Winters."

„Siehst du", beendete der Bauer seine Geschichte. „Ich bin wie der Baum. Mich kannst du nicht verpflanzen. Geh und sage das den anderen." Er drehte sich um und humpelte, bemüht, aufrecht zu gehen, zu seiner Hütte und verschwand.

Dem Jungen aber blieb nichts anderes übrig, als zu den anderen zurückzukehren und ihnen ebenfalls die Geschichte zu erzählen. Kopfschüttelnd zogen sie weiter.

Trau-mich-nicht-Rudis Wandlung

Es war einmal ein Frosch namens Rudi. Er lebte im Seerosenteich am Kiefernwäldchen zusammen mit seinen Froscheltern und acht Geschwistern. Rudi war ein gutmütiger pausbäckiger Kerl mit großen Glotzaugen. Er fühlte sich wohl im Seerosenteich und wäre glücklich und rundherum zufrieden gewesen, gäbe es da nicht ein Problem: Rudi litt an einem Turmseerosenfurcht-Syndrom.

Die Turmseerose, müsst ihr wissen, hatte einmal zu viel Wasser aufgesogen und war dann wie ein Pfeil in die Höhe geschossen. Seither ragte sie wie ein riesiger Leuchtturm aus dem Wasser und flößte dem kleinen Rudi schon bei ihrem Anblick schieres Entsetzen ein.

Und jedes Mal, wenn sich die anderen Froschkinder vergnügt auf den Seerosenblättern tummelten, während Rudi genüsslich seinen Bauch in der prallen Sonne wärmte, hieß es aus heiterem Himmel: „Nun springt Rudi von der Turmseerose." Rudi erschrak dann fürchterlich und blickte betreten zu Boden. Aber gewöhnlich rief gleich wieder eines seiner kecken Geschwister: „He, Rudi, du wirst doch nicht kneifen!" – „Trau mich nicht", flüsterte Rudi dann kleinlaut und blickte meistens verlegen drein. Dicke Tränen rannen über sein Pausbackengesicht, so sehr schämte er sich. „Trau-mich-nicht-Rudi traut sich nicht, Trau-mich-nicht-Rudi traut sich nicht", brüllten Rudis Geschwister. Durch ihr schallendes Gelächter fühlte er sich gleich noch mehr entmutigt.

Eines Nachts hatte Rudi einen merkwürdigen Traum. Er träumte von der Turmseerose, die ihm ein Lied zuhauchte:

Trinke, Fröschlein, trinke
meiner Blüten Zaubersaft.
So werden dich durchdringen
Stärke, Mut und Kraft.

Und die Seerose wiegte sich im Wind und lockte Rudi mit dem einschmeichelnden Rauschen ihrer Blätter. „Komm, kleiner Rudi, trau dich", flüsterte sie ihm zu. „Aber du bist so riesig und ich noch so klein. Ich trau mich

Quast · Metaphorische Geschichten für die pädagogische Praxis

nicht." – „Du musst nur an dich glauben, und alles wird ganz leicht", sang die Turmseerose. „Ich muss darüber nachdenken", meinte Rudi, und ein winziger Schimmer der Zuversicht blinkte in seinen Augen.

Da kitzelte ein Sonnenstrahl Rudis dicken Bauch, und er wachte auf. Er musste noch eine ganze Weile an den Traum denken, und der sonst ziemlich träge Rudi fühlte sich eigentümlich beschwingt.

Wie gewöhnlich spielten die Froschkinder den ganzen Morgen Mückenfangen und Seerosenhüpfen. Beim Herumtoben war Rudi dieses Mal ganz in seinem Element und schnappte seinen verdutzt blickenden Geschwistern so manche Mücke vor der Nase weg. „Potzmück und Fliegenblitz! Rudi sind über Nacht Flügel gewachsen", rief einer seiner Brüder anerkennend.

Mitten im Gerangel schlug schließlich der verwegenste von Rudis Brüdern das Turmseerosenspringen mit doppeltem Salto vor. Bisher war noch keinem der Froschkinder ein doppelter Salto gelungen.

Auch dieses Mal plumpste einer nach dem anderen nach einem Einfachsalto ins Wasser, dass es nur so klatschte.

Dann war Rudi an der Reihe. Die anderen fingen schon an, verschmitzt zu grinsen. „Gleich wird sich Kugelblitz in einen Angstfrosch verwandeln", flüsterten sie einander zu.

Und tatsächlich: Rudi bekam bereits wacklige Beine und schlotterte vor Angst. Doch da schien es ihm, als hörte er plötzlich die Melodie der Turmseerose, die ihn schon einmal im Traum bezaubert hatte:

Trinke, Fröschlein, trinke
meiner Blüten Zaubersaft.
So werden dich durchdringen
Stärke, Mut und Kraft.
Glaub an dich, glaub an dich,
und alles ist geschafft!

Zögernd trat Rudi an die Turmseerose heran und hatte das Gefühl, dass sie ihm aufmunternd zuzwinkerte. „Glaub an dich", hatte sie gesungen. „Ja, vielleicht sollte ich es einmal versuchen", dachte Rudi. Langsam tastete er sich vorwärts, und Hüpfer für Hüpfer erklomm er die Turmseerose. Bei ihren Blütenblättern angekommen, kostete er vorsichtig von ihrem Blütensaft. Eine eigenartige Leichtigkeit erfasste ihn, und er schleckte noch mehr von dem kostbaren Trank. „Hurra", brüllte er lauthals. Und nach einem doppelten Salto landete er geradewegs im Wasser.

Alle schauten verdutzt und bewundernd drein, und keiner quakte auch nur einen Ton. Rudi aber reckte sich stolz und blinzelte der Turmseerose zu. „Danke", flüsterte er. Dann erklärte er laut und von allen vernehmbar: „Von jetzt an trau ich mich."

Vom ehrgeizigen Hannes und genügsamen Michel

Im Dorf gleich neben den uralten Pappeln lebten einst zwei Brüder. Der eine hieß der ehrgeizige Hannes, den anderen nannten alle den genügsamen Michel.

Beide waren so unterschiedlich anzuschauen, dass es den Leuten schwerfiel zu glauben, Hannes und Michel seien Geschwister. Aber ihre Eltern wussten es nun einmal genau: Hannes, der Hagere und Kantige mit den schnellen Bewegungen und der rauen Stimme, war der Ältere ihrer Söhne. Michel, dick und etwas schwerfällig, mit großen Augen, die gutmütig in die Welt schauten, war ihr Zweitgeborener.

Hannes arbeitete als Fischer. Jeden Morgen stand er in der Morgendämmerung auf, und – begleitet vom geschwätzigen Krakeelen der Dorfvögel – ging er, nein, stürmte er zur Meeresbucht. Dann stieg er in sein Boot und ruderte mit hastigen Armbewegungen ins offene Meer hinaus. Dort spannte er seine Netze, warf seine Angelruten aus und war von früh bis spät beschäftigt, seinen Fang zu vergrößern und zu mehren.

Er kehrte niemals um, bevor er nicht wenigstens einhundert Fische gefangen hatte. Einhundert Fische! Den ganzen Tag lang spukte die Zahl in seinem Kopf herum, und er zählte seine Beute wieder und wieder. So kam es nicht selten vor, dass er bis um Mitternacht arbeitete und dann erschöpft nach Hause ruderte. Doch kaum war er in seinem Bett eingeschlafen, weckte ihn der nächste Morgen. Sein Gesicht sah zerfurcht und müde aus, und er hatte Schwielen an den Händen. Heimlich verfluchte er sein hartes Leben, doch der Ehrgeiz trieb ihn täglich wieder an.

Michel hingegen fristete sein Leben als Schäfer. Morgens, wenn Hannes schon längst auf dem Meer ruderte, sammelte Michel seine Schafe um sich herum. Er kraulte dem Hund das Fell, und nach einem schrillen Pfiff trieb Michel Hund und Schafe den sich windenden Bergpfad hinauf bis auf die Bergwiesen. Dort labten sich die Schafe am saftigen Gras, der Hund fegte ab und zu bellend hinter einem Schaf her, und Michel wachte über seine Tiere.

Dabei fand er noch genügend Zeit, den Grillen zuzuhören und die Bienen zu beobachten, wie sie von Blüte zu Blüte schwirrten. Und so manches Mal streckte er sich gemächlich im grünen Gras aus, um in die Sonne zu blinzeln, oder er pflückte süße Beeren und Sauerampfer. Damit fühlte er sich rundum wohl und zufrieden.

Wenn Hannes dann ein um das andere Mal von seinem großen Fang erzählte und seinen Bruder fragte, was dieser den ganzen Tag lang erlebt hatte, so antwortete Michel nur: „Ich habe die Gräser beobachtet, wie sie sich im Wind wiegen." Oder: „Ich habe meine Füße im Bach gebadet und das weiche Wasser auf der Haut gespürt." Oder: „Ich habe den Duft der Wiesenblumen eingeatmet." Dabei strahlte Michel über sein ganzes Gesicht, dass Hannes ihn beneidete.

So beschloss Hannes eines Tages, täglich einhundert Fische mehr zu fangen. Wer weiß, vielleicht spürte dann auch er ein Glücksgefühl. Wieder arbeitete er Tag für Tag, Woche für Woche und Monat für Monat, und es gelang ihm auch, täglich zweihundert Fische nach Hause zu bringen. Doch glücklich fühlte er sich nicht.

Eines Morgens trieb es ihn noch vor der Morgendämmerung hinaus. Rastlos arbeitete er bis spät in die Nacht hinein, und Fisch um Fisch ging ihm ins Netz. Schweiß stand auf seiner Stirn und seine Glieder zitterten. Er konnte sich kaum noch auf den Beinen halten. Als er den dreihundertsten Fisch in seinen Händen hielt, sprach dieser plötzlich zu ihm: „Und wenn du tausend Fische fängst, dein Ehrgeiz wird niemals Ruhe geben. Lass uns alle frei, und dich wird das ersehnte Glücksgefühl erfüllen."

Lange haderte Hannes mit sich. Er sollte alle Fische wieder freilassen, das Werk eines ganzen Tages auslöschen? Schließlich ließ er die Fische wieder ins Wasser gleiten. Sie hatten ihm ja doch keine Freude gebracht. Als sich kein einziger Fisch mehr in seinen Netzen befand, schlief Hannes auf der Stelle ein.

Am nächsten Morgen wurde er durch einen Wasserspritzer, der mitten auf seiner Nase landete, geweckt. Hannes blickte sich um. Überall um ihn herum planschten und schwammen die großen und kleinen Fische, die er in der Nacht freigelassen hatte. Ab und zu sprangen sie in die Höhe, und

Hannes entdeckte ihre goldenen und silbergrauen Schuppen, die in der Morgensonne glitzerten. Schon wollte er seine Netze wieder auslegen, da schwamm der größte Fisch auf ihn zu und lud Hannes ein, sich auf seinen Rücken zu setzen. Er tat, wie ihm geheißen, und der Fisch schwamm mit ihm durch die Tiefen des Meeres.

Dort entdeckte Hannes Fische mit bizarren Formen und leuchtenden Farben, und er beobachtete, wie sie im Wasser hin- und herhuschten. Er sah bunte Korallen, die ihm wie ein Kunstwerk erschienen, und er spürte die Meerespflanzen, die weich über seine Haut strichen. Dabei bemerkte er gar nicht, wie der Tag allmählich verging. Als der Fisch wieder mit ihm auftauchte, stand die Sonne nur noch als Halbkugel am Horizont. Hannes bedankte sich bei dem großen Fisch und ruderte nach Hause.

Dort empfing ihn sein Bruder und fragte ihn sogleich: „Wo warst du so lange?" Und Hannes antwortete nur: „Ich habe die Fische beim Springen beobachtet und die Wunder des Meeres erfahren." Dabei lächelte er und strahlte so zufrieden, wie Michel es schon lange nicht mehr an ihm gesehen hatte.

Von da an ließ es sich Hannes nicht mehr nehmen, während seiner täglichen Arbeit innezuhalten und dem Rauschen des Meeres zu lauschen, das Schaukeln des Bootes zu genießen und der Sonne zuzuschauen, wie sie morgens aufging, mittags im schönsten Glanz erstrahlte und abends im Meer versank.

Und sein Ehrgeiz? Von dem hatte er sich – genauso wie von den dreihundert Fischen – befreit.

Vom Hasen mit dem langen und dem kurzen Ohr

Es war einmal ein Hase mit einem langen und einem kurzen Ohr. Im ganzen Wald hatte man seinesgleichen noch nie gesehen, denn alle Hasen in der Umgebung hatten zwei Ohren von gleicher Größe: Entweder hatten sie zwei lange oder eben zwei kurze Ohren.

Der Hase schämte sich wegen seines ungewöhnlichen Aussehens sehr und hoppelte meistens tief gebückt durch Wald und Flur. So, meinte er, würden die anderen ihn nicht sehen und könnten ihn nicht auslachen und verspotten.

Trotzdem geschah es häufiger als ihm lieb war, dass ihn der eine oder andere seiner Artgenossen im tiefen Gras entdeckte und dann lauthals zu lachen anfing: „Haha, was bist du denn für einer? Hahaha. Haben sie dir nun ein Ohr abgebissen oder das andere lang gezogen? Kannst du überhaupt geradeaus springen oder kippst du dauernd auf die Seite, an der dein langes Ohr in die Luft ragt?"

Das seltsame Aussehen des Hasen hatte sich schnell im Wald herumgesprochen, und ein jeder tuschelte und kicherte hinter vorgehaltener Pfote. Bald nannte man den Hasen nur noch Schiefohr. Von Tag zu Tag fühlte sich der Hase Schiefohr trauriger und unglücklicher. Als er schließlich den Spott und das Gelächter der anderen nicht länger ertragen konnte, packte er sein Hab und Gut zusammen und zog in die weite Welt hinaus.

Er war wohl schon einige Tage und Nächte unterwegs, als er am Rand des Waldes ankam und sich vor seinen Augen eine sonnendurchflutete Lichtung auftat. „Wie schön die Welt doch ist", ging es Schiefohr durch den Kopf. „Viel heller und weiter als bei mir im Wald." Zum ersten Mal in seinem Leben reckte und streckte er sich und schlug vergnügt einen Zweifachhaken und danach gleich noch einen.

Dann flitzte er blitzschnell über die Lichtung und bremste gerade noch rechtzeitig vor einem riesigen Storch, der auffallend langsam durch die Landschaft stelzte und betrübt zu Boden blickte. „Hallo, Stelzbein! Welcher Frosch ist dir denn im Hals steckengeblieben?", fragte Schiefohr den

Quast · Metaphorische Geschichten für die pädagogische Praxis

Storch. „Wie konntest du das nur erraten?", brachte der Storch mühsam krächzend hervor. „Ich habe tatsächlich heute Morgen einen Frosch mitsamt seiner Froschhaut verschlungen. Es muss ihm gar nicht behagt haben, jedenfalls stemmt er sich jetzt seit Stunden mit seinen Schenkeln trotzig gegen meine Schnabelwände und lässt sich nicht hinunterschlucken." – „Wirklich?", fragte Schiefohr ungläubig und forderte den Storch auf: „Lass mich mal sehen."

Dem Storch gelang es, seinen Schnabel einen Spalt breit zu öffnen, und Schiefohr lugte in dessen Inneres. Dort war es dunkel wie in einem schwarzen Tunnel, doch ganz hinten entdeckte er tatsächlich einen Frosch, der aufgebracht quakte: „Hol mich hier raus, sonst drehe ich dem Storch die Luft ab."

Schiefohr schaute sich in seiner Umgebung nach einem langen Rohrkolben oder einem Stock um, aber weit und breit konnte er nichts dergleichen entdecken. Daraufhin besann er sich auf sein langes Ohr. Er bat den Storch, seinen Schnabel noch etwas weiter zu öffnen und schob sein Ohr hinein. Dem Frosch rief er zu: „Halte dich an meinem Ohr fest, ich ziehe dich raus." Der Frosch tat, wie ihm geheißen war. Als er sich endlich wieder in Freiheit befand, sprang er mit einem Salto ins Gras und hüpfte mit lautem Quaken auf und davon.

„Danke", sprach der Storch. „Du bist wirklich der ungewöhnlichste Hase, der mir bisher begegnet ist." Er schenkte ihm seine prächtigste weiße Feder und stelzte erleichtert von dannen. Ein bisschen verlegen, aber auch etwas stolz hoppelte Schiefohr weiter.

Als die Sonne schon fast hinter den Bergen verschwunden war und sich allmählich die Abenddämmerung ausbreitete, gelangte Schiefohr zu einem entlegenen Bauernhof. Gerade, als er sich in der halb verfallenen Scheune sein Nachtlager bereiten wollte, hörte er auf dem Hof ein leises Jaulen. Schiefohr sprang los, um nachzusehen, zu wem das Jaulen gehörte. Da erblickte er einen winzigen Hund, dem das Fell zu Berge stand. „Was zitterst du denn am ganzen Körper, sodass auch dein letztes Hundehaar wie eine Borste absteht?", fragte Schiefohr das Hündchen. „Hab Angst", brachte der Hund hervor. „Angst vor den Gänsen."

Tatsächlich war am Gartenzaun ein ganzes Gänseheer im Anmarsch. Allen voran watschelte der dicke Gänserich, der kreischend und flügelschlagend seine Verwandten antrieb: „Vorwärts, Gänsevolk. Verjagen wir den Köter. Wenn er erst groß ist, macht er Gänsegehacktes aus euch. Auf ihn mit Gezisch!"

Schiefohr flüchtete mit dem winzigen Hund in die Scheune und schlug die Tür mit einem lauten Knall zu. „Ewig kann ich doch nicht hier sitzen bleiben", jammerte der Hund mutlos. „Warte mal. Ich habe da so eine Idee", meinte Schiefohr bedeutungsvoll. Er flüsterte dem Hund seinen Plan ins Ohr, worauf dieser sogleich zustimmend bellte. „Ruhe da drinnen", schnatterten die Gänse drohend. „Du bist umstellt." – „Dann rufe ich eben meinen Vetter, den Fuchs", entgegnete der winzige Hund. „Dass wir nicht lachen, hier gibt es keine Füchse", zischten die Gänse, wichen aber doch ein Stück zurück.

Inzwischen war Schiefohr durch eine Luke ins Freie gehoppelt und versteckte sich hinter dichtem Gestrüpp. „Schaut euch doch um, gleich hinter den Sträuchern lauert der Fuchs", rief der winzige Hund den Gänsen zu. Erschrocken starrten die Gänse in die angegebene Richtung, und tatsächlich: Hinter dem Gestrüpp lugten ein kleines Ohr und ein buschiger Schwanz hervor. „Schert euch davon oder ich rupfe euch für meinen nächsten Braten", tönte die verstellte Stimme des Hasen aus dem Gebüsch. Da schwangen sich die Gänse wie auf Kommando in die Lüfte und flogen eilig davon.

Dankbar überreichte der Hund Schiefohr einen Knochen, der wie ein seltener Stein aussah, und lobte den Hasen über alle Maßen: „Du bist der außergewöhnlichste Hase, den ich je getroffen habe." Schiefohr strahlte über beide Ohren, das lange und das kurze, und legte sich zufrieden auf sein Nachtlager.

Am nächsten Morgen machte er sich auf und sprang weiter, wobei er die verwegensten Haken schlug und dabei lauthals trällerte. „Hoppla, ich bin ungewöhnlich. Hoppla, ich bin außergewöhnlich. Aaaaußergewöhnlich!" Er setzte gerade zum nächsten Sprung an, da blieb er abrupt stehen. Vor sich erblickte er eine Häsin, die sich tief ins Gras gehockt hatte. Über ihre Hasenbacken liefen dicke Tränen.

„Warum weinst du so jämmerlich?", fragte Schiefohr. „Scheint nicht die Sonne gar herrlich und ist die Welt nicht großartig und weit?" – „Für mich nicht", klagte die Häsin. „Schau doch, ich habe zwei verschiedene Ohren. Alle verspotten mich deswegen und nennen mich lachend Ohrschief." Schiefohr betrachtete sie genauer. Und tatsächlich: Aus ihrem Kopf ragten ein kurzes und ein langes Ohr.

„Oh, wie außergewöhnlich du bist", bewunderte sie Schiefohr. „Und wie perfekt wir doch zueinanderpassen. Ich habe ein langes und ein kurzes Ohr und bei dir ist es genau umgekehrt. Willst du mich heiraten?", fragte Schiefohr mit seinem strahlendsten Lächeln. Er überreichte Ohrschief als Hasenheiratsantragsgeschenk die Feder des riesigen Storches und den Knochen des winzigen Hundes. Freudig wischte sich die Häsin die Tränen von den Hasenbacken und willigte nach nur kurzem Überlegen ein.

Bald feierten Schiefohr und Ohrschief eine rauschende Hochzeit. Als Trauzeugen luden sie den riesigen Storch und den winzigen Hund auf ihre Hochzeitsfeier ein.

Schiefohr und Ohrschief lebten glücklich miteinander und bekamen nacheinander sieben Häschen. Drei von ihnen hatten ein langes und ein kurzes Ohr, bei den drei nächsten war es genau umgekehrt, und das siebente Häschen war das außergewöhnlichste von ihnen. Aus seinem Kopf ragten drei Ohren: ein langes, ein kurzes und noch ein langes, weshalb man es auch Zickzackohr nannte.

Wenn Zwerge heiraten

Es war einmal ein Zwerg. Und weil er einen besonders langen Bart hatte und sein Urururgroßvater ein Geborener „von" war, nannten ihn alle Adelbart.

Adelbart lebte mitten im Birkenwald in einer kleinen Holzhütte, von deren Schornstein ständig Rauch aufstieg und kleine Nebelkringel in die Luft malte. An allen Seiten der Hütte waren Fenster, sodass Adelbart nichts von dem entging, was tagtäglich im Wald passierte.

Doch das Schönste an seiner Behausung war, dass vor dem Zaun ein Bach floss, in dem sich die allerliebsten Zwergnixen tummelten. Jeden Morgen stand Adelbart in der Morgendämmerung auf und lief schnurstracks zum Bach, um die Wasserspiele der Nixen zu beobachten. Immer wieder war er über die Anmut der badenden Schönheiten entzückt. Und vor lauter Freude über den Wasserreigen der Nixen musste er von ganzem Herzen lachen.

Durch sein schallendes, glückliches Gelächter wurden jeden Morgen die schlafenden Bewohner seiner Umgebung geweckt. Alsbald kam Leben in den Wald. Überall räkelte und streckte man sich. Die Bäume rauschten einander „Guten Morgen!" zu. Die Käfer krochen verschlafen aus ihren Höhlen hervor und rieben sich, noch benebelt von der Orgie der letzten Nacht, mit den Fühlern den Schlaf aus den Augen. Die Vögel schwangen sich in die Luft und zwitscherten „türilü, türilü" und „tschiep, tschiep", was in die Menschensprache übersetzt so viel bedeutete wie: „Guten Morgen! Habt ihr auch von fetten Würmern geträumt?" Und die dicke Hummel, die die ganze Nacht auf der falschen Seite gelegen hatte, machte ein paar tapsige Flugversuche, ehe sie auf die nächste Honigblüte segelte und sich gemächlich zum Frühstück niederließ. Kurzum, überall rauschte und brummte und zwitscherte und plätscherte und knackte und knallte und zischte und quietschte es, und mittendrin erschallte Adelbarts herzhaftes Lachen.

Und wenn man genau hinhörte, bemerkte man, dass das Lachen seit genau sieben Tagen einen ganz besonderen Klang bekommen hatte: ein bisschen schelmisch und auch ein bisschen verlegen, verwegen und abtastend. Vor allem aber strahlte Adelbarts Lachen eine solche Wärme aus, dass alle Knospen in der Umgebung platzten, weil ihnen in ihrem Innern der Schweiß auf den Blütenblättern stand. Warum sich Adelbarts Lachen verändert hatte, wollt ihr wissen? Ganz einfach, Adelbart war verliebt, verliebt in die Schönste und Anmutigste aller Zwergnixen: Miss Lydia Ophelia Honigmund Braunhaar. Und was für einen süßen Honigmund sie hatte. Adelbart seufzte sehnsüchtig.

Die Sache hatte nur einen Haken: Lydia Ophelia Honigmund Braunhaar war genau anderthalb Millimeter größer als Adelbart. Zwar hatte er sich bereits bei Meister Specht Stiefel mit Absätzen bestellt. Aber ob das sein Problem löste? Außerdem hatte Adelbart über den Buschfunk der Spatzen gehört, dass Lydia Ophelia nur einen Mann lieben könne, der sie um zehn Millimeter überrage – ganze zehn Millimeter!

Adelbart grübelte lange darüber nach, wie er sich in einen Riesenzwerg verwandeln könnte. Schließlich beschloss er, den weisen Zauberer aufzusuchen, der ihm vielleicht einen Wachstumstee mixen würde. Gedacht, getan. Adelbart musste über zehn Felder, durch elf Wälder und über zwölf Berge wandern, doch um Lydia Ophelias Liebe zu gewinnen, nahm er die ermüdende Reise auf sich. Endlich kam er an einer einsamen Hütte an — weit und breit entdeckte er kein Haus, keinen Baum und keinen Zwerg. Er fasste sich ein Herz und klopfte schüchtern an die verfallene Tür. Eine leise Stimme antwortete: „Es ist offen. Komm nur herein."

Vorsichtig betrat Adelbart die Hütte und stand dem weisen Zauberer gegenüber. Ehrfürchtig verneigte er sich vor dem Mann, von dem die ganze Zwergenwelt erzählte, dass er ferne Länder kennengelernt und viele Wissenschaften studiert hatte, nun aber nach Hause zurückgekehrt war, ganz zurückgezogen lebte und Bücher schrieb. Adelbart hatte sich ihn immer als großen, starken Mann mit dicker Brille vorgestellt, stattdessen saß vor ihm ein kleiner, grauhaariger Greis mit Runzeln im Gesicht und blitzenden blauen Augen. Adelbart erzählte ihm von seinen Herzensqualen, und der Alte hörte ihm verständnisvoll zu.

„... und weil ich ein Zwerg in den besten Jahren bin und nur Lydia Ophelia als meine Frau begehre, die ich lieben und verehren werde, die mir

Zwergenkinder schenken, mir meine Kniebundhosen bügeln und meine Socken stopfen soll, bin ich zu dir gekommen, damit du mir zum Wachstum verhilfst. Ich möchte doch Lydia Ophelias würdig sein und ihr nicht zumuten, ständig von oben auf mich herabzuschauen", schloss Adelbart seine Erzählung. Der weise Zauberer runzelte die Stirn, sodass neben seinen drei Stirnfalten noch eine vierte erschien. Diese zeigte sich immer, wenn er besonders angestrengt nachdachte. Lange schwieg er und Adelbart bekam vor Aufregung schon Schluckauf.

Schließlich räusperte sich der Zauberer jedoch würdevoll und blinzelte etwas seltsam mit seinen Augen, was Adelbart aber entging, weil er mit seinem Schluckauf beschäftigt war. Dann begann der Alte zu reden: „Ich habe hier eine winzige, aber einzigartige Wachstumspille. Wenn du sie in diesem Glas Holunderwein auflöst und das Glas augenblicklich mit drei großen Zügen leerst, wirst du eine solch stattliche Größe erreichen, dass Lydia Ophelia einfach überwältigt sein wird von dir."

Adelbart befolgte den weisen Rat, bedankte sich herzlich beim Zauberer und begab sich schnurstracks auf den Heimweg. Ab und zu stolperte er über einen spitzen Stein, entweder weil er so froh war oder aber weil die Holunderweintropfen in seinem Blut kreisten und ständig aneinanderstießen. Auch fühlte Adelbart sich seltsam beschwingt. Es kribbelte in seinem Kopf und seinen Gliedern, sodass er glaubte, genau in diesem Moment um die gewünschten Millimeter in die Höhe zu schießen. Kurzum, er war rundherum zufrieden.

Nach seinem langen Rückweg über zwölf Berge, durch elf Wälder und über zehn Felder kam er wieder im Birkenwald an und wurde von allen auf das Freundlichste begrüßt, was Adelbart seiner neu gewonnenen Größe zuschrieb. Ohne lange zu zögern, lief er, nein, stürmte er auf den Bach vor seiner Behausung zu, um Lydia Ophelia einen Heiratsantrag zu machen, dessen Wortlaut er auf dem ganzen Weg immer wieder vor sich hin gemurmelt hatte. Als er die Begehrte erblickte, trat er auf sie zu und sprach seine Rede, ohne auch nur ein einziges Mal zu stottern.

Und Lydia Ophelia? Die überlegte genau drei Zwergensekunden lang, die natürlich schneller vergehen als Menschensekunden, und erwiderte: „Ach, lieber Adelbart. Schon lange habe ich auf diesen Moment gewartet. Ich habe wohl gesehen, dass du jeden Morgen zum Bach kamst und habe deine Blicke gespürt. Dabei konnte ich mir nichts sehnlicher vorstellen, als deine Frau zu werden. Aber dann warst du plötzlich fort, und keiner hier wusste ..." Aber Adelbart ließ Lydia Ophelia nicht ausreden. Er umarmte sie stürmisch und drückte ihr einen knallenden Kuss auf den Honigmund.

Plötzlich wich er wie gebannt zurück. Er hatte bemerkt, dass er sich ein bisschen auf die Zehenspitzen stellen musste, um Lydia Ophelia zu küssen. Oh Schreck, er war ja kein bisschen gewachsen – nicht einmal einen klitzekleinen Millimeter. Schon die ganze Zeit blickte er einen und einen halben Millimeter zu seiner Angebeteten auf. Scham, Wut und Enttäuschung packten ihn, und schon wollte er davonlaufen.

Doch da schoss ihm eine Gedanke durch den Kopf, und er hielt sofort inne: Lydia Ophelia liebte ihn ja. Sie liebte ihn so wie er war, nämlich einen und einen halben Millimeter kleiner als sie. Jetzt konnte sich Adelbart auch an das seltsame Blitzen in den Augen des weisen Zauberers erinnern, und er verstand die Botschaft, die dieser ihm hatte übermitteln wollen:

Sei wie du bist, denn du bist liebenswert.

Ein Glücksgefühl durchströmte Adelbart von der kleinen Zehe bis in die Ohren. Stolz und selbstbewusst reckte er sich und fühlte sich einfach riesig und großartig.

Wie der Fluss begradigt wurde

Es war einmal ein Fluss, der floss tagaus, tagein vergnügt vor sich hin und blubberte und gurgelte und plätscherte voller Wonne. Er schlängelte sich graziös durch Wiesen und Täler, schmiegte sich an die geschmeidigen Wassergräser, küsste die weiche Erde seines Flussbettes und flirtete mit der Wassermücke, die sich auf seiner glänzenden Oberfläche im Tanz drehte. Hin und wieder musste der Fluss große und kleine Steine überwinden. Dann sprang er jauchzend in die Höhe und spritzte seine silbern schillernden Wassertropfen in alle Richtungen.

„Was führe ich doch für ein wunderbares, unbeschwertes Leben!", gluckste der Fluss oft selig vor sich hin und begrüßte die Frösche, die in seinem Wasser badeten, so manches Mal mit einem Wasserschwall. Ab und zu uferte er aus und bahnte sich kleine, kurvenreiche Mäander, die sich durch die Landschaft drängten. So hätte es ewig mit ihm weitergehen können. Doch es sollte ganz anders kommen.

Eines Tages tauchte plötzlich der Mensch am Ufer des Flusses auf und blickte lange sinnend auf dessen ausgelassenes Gebaren. Später holte er noch andere Menschen hinzu, und sie redeten aufgeregt miteinander und zeigten dabei immer wieder auf den Fluss. „He, was habt ihr vor?", rief ihnen der Fluss munter zu: „Darf ich euch in mein kühles Nass einladen? Wie wäre es mit einer Dusche in meinem edlen, glasklaren Wasser?" Dann sandte er den Menschen voller Schwung einen Wasserschwall zu, dass diese über und über nass wurden wie die Frösche.

„Dir wird dein wildes Geplätscher schon noch vergehen!", rief der Mensch, der als Erster am Fluss aufgetaucht war, und schüttelte wütend die Wassertropfen von sich ab. „Aber das war doch nur Spaß", entgegnete der Fluss verdutzt. „Den Spaß wirst du dir in Zukunft verkneifen müssen. Wasser ist nicht zum Spritzen da", belehrte ihn der Mensch und wandte sich wieder an die anderen. Nachdem die Menschen noch lange miteinander beratschlagt hatten, warfen sie dem Fluss noch einen letzten, strengen Blick zu und entfernten sich wieder.

Quast · Metaphorische Geschichten für die pädagogische Praxis

„Was haben sie nur besprochen und was hatte das mit mir zu tun?", fragte sich der Fluss besorgt. „Wollen sie mich etwa leer schöpfen?" Vor lauter Angst floss er ganz vorsichtig dahin, sorgsam darauf bedacht, keinen Tropfen mehr zu verspritzen. Doch das sollte ihm auch nicht helfen.

Es vergingen einige Tage, bis die Menschen erneut auftauchten. Dieses Mal hatten sie schwere Maschinen dabei, deren Motorengeheul unheilverkündend durch die Flusslandschaft dröhnte. „Los, fangen wir an", rief der Mensch, der als Erster erschienen war, den anderen zu. „Lasst uns unser Werk beginnen." Und auf sein Kommando hin stießen die Menschen mit ihren Maschinen tief in das Bett des Flusses hinein. Sie rammten und bohrten, schnitten Erdreich ab und türmten es an anderer Stelle wieder auf. Immer wieder griffen sie in den Lauf des Flusses ein und zerstörten sein Flussbett, das er sich so voller Freude und Tatendrang gegraben hatte.

„Oh weh", stöhnte der Fluss voller Schrecken. „Warum mischen sich die Menschen nur ein? Warum lassen sie mich nicht einfach fließen? Frei und ausgelassen, so, wie es immer war!" Doch der Mensch überhörte das Klagen des Flusses und setzte sein zerstörerisches Tun emsig fort. Tag für Tag, Woche für Woche und Monat für Monat vergingen.

An einem trüben Herbsttag war es dann so weit. Der Mensch, der als Erster an den Fluss gekommen war, rief aufatmend: „Haltet ein, Leute, es ist vollbracht. Seht nur, wie schnurgerade der Fluß jetzt strömt. Schaut, wie die mächtigen Betonmauern, die wir gegossen haben, ihn von beiden Seiten eindämmen. Nun wird es ihm schwerfallen, über die Ufer zu treten. Endlich haben wir den eigenwilligen, ungestümen Fluss in ruhige Bahnen gelenkt. Wir haben ihn gezwungen, sich so vorwärts zu bewegen, wie es sich geziemt: bedächtig, ohne Ausschweifungen oder Kapriolen." Zufrieden betrachteten die Menschen ihr Werk, dann sammelten sie Werkzeuge und Maschinen ein und zogen von dannen.

Verlassen von seinen Peinigern, blieb der Fluss, der nun begradigt war, einsam zurück. Betrübt floss er dahin, in dicke Betonmauern eingepresst. Ganz gerade war sein Lauf, nicht ein Mäanderchen hatte man ihm gelassen. Die Wasserpflanzen und die Steine hatten die Menschen entfernt, und die Frösche und Wassermücken waren längst geflüchtet. „Was ist nur aus mir geworden? Was haben sie aus mir gemacht?", klagte der Fluss und weinte und weinte. Seine Tränen sammelten sich in seinem Wasser, und nach und nach schwoll er immer mehr an.

Eines Tages war der Fluss vor Kummer so vollgelaufen, dass er hier und da über die Betonmauern quoll. „Endlich", gluckste er ein wenig erleichtert. „Endlich bekomme ich wieder etwas Licht und Luft." Sogleich weinte er noch ein paar Tränen, dieses Mal jedoch vor lauter Freude über das kleine Stück wiedergewonnener Freiheit. Vorsichtig schwappte er auch da und dort noch über. „Plitsch!" machte es und „platsch!"

„Ob es mir wohl gelingen würde, mich aus meinem Betongehäuse zu befreien?", sinnierte der Fluss halblaut vor sich hin. „Das schaffst du nie!", unterbrachen ihn die Betonmauern dröhnend. „Wir wurden errichtet, um dich einzudämmen und dir deine Grenzen zu zeigen", setzten sie gewichtig hinzu. „Dann werde ich euch sprengen", entgegnete der Fluss und drückte mit aller Kraft gegen die Mauern. „Lass das gefälligst sein!", mahnten diese donnernd. „Du schaffst es nimmermehr, uns zu sprengen! Füge dich deinem Schicksal und stemme dich nicht gegen uns."

„Das werden wir schon noch sehen. Einen Fluss sperrt man weder ein, noch begradigt man ihn", erwiderte der Fluss trotzig. „Dann muss ich mich eben auf und davon machen." – „Hahahaha", amüsierten sich die Betonmauern. „Uns ist noch niemand entkommen." – „Dann werde ich eben der Erste sein", verkündete der Fluss. „Ich bin es leid, dauernd an dicke Mauern zu stoßen."

Dann nahm er all seine Kraft zusammen und drängte und wälzte sich wie eine Woge voran. Immer wieder schob er sich vorwärts und presste mit Wucht seine Wassermassen empor. Noch einmal holte er aus, bündelte seine Kräfte und sprang wie eine gewaltige Flutwelle aus seinem künstlichen Betonbett. Er bahnte sich seinen Weg durch die Landschaft, grub sich ein neues Flussbett und strömte bald so ausgelassen dahin, wie man es von einem Fluss auch nicht anders erwarten würde.

Und der Mensch? Der hatte es aufgegeben, einen frei und ungehindert strömenden Fluss begradigen zu wollen.

Quast · Metaphorische Geschichten für die pädagogische Praxis

Wie Ohnhaus zu seinem Panzer kam

Vor vielen hundert – oder sogar schon tausend – Jahren lebte im Lande der Gemächlichkeit ein ruheloser Schildkrötenjunge namens Ohnhaus.

Ohnhaus war wohl die rastloseste Schildkröte überhaupt. Das lag daran, dass er keinen dicken Panzer auf dem Rücken trug wie seine zahlreichen Artgenossen. So musste Ohnhaus ganz nackt über die Erde kriechen – ohne Haus, wie ein armer Wurm. Nie fand er die Ruhe und Muße, innezuhalten und zu verweilen und sich wie die anderen gemütlich in seinen Panzer zurückzuziehen, denn er hatte ja keinen. Nein, er musste weiterkriechen, sich schlängeln und winden. Irgendetwas trieb ihn an, sich rasch zu bewegen, rascher als die Zeit selbst. Manchmal klagte und schluchzte er über sein Schicksal, doch danach fühlte er sich noch rastloser als zuvor.

Eines Tages beschloss Ohnhaus, auf Wanderschaft zu kriechen, dorthin nämlich, wo die Schildkrötenpanzer aus der Erde sprossen. Alsdann, ohne lange zu zögern, von Ungeduld und Ruhelosigkeit getrieben, schlängelte er sich davon, quer über Wiesen und Felder, durch Wälder und Auen, durch Wüsten und an Seen entlang. Die Sehnsucht nach Stille war sein einziger Begleiter. Und überall dort, wo ihm langsame, gelassene Schildkröten begegneten, fragte er: „Weißt du, wo die Schildkrötenpanzer aus der Erde wachsen?" Ahnungslos und verwundert schüttelten alle den Kopf, und Ohnhaus kroch enttäuscht und ruhelos weiter. Doch wo er auch suchte, in fremden Orten und entfernten Gegenden, er fand kein Land, in dem die Panzer aus der Erde sprossen.

„Vielleicht wachsen sie auf dem Mond." Ja, natürlich, er hätte gleich darauf kommen sollen. So sagte Ohnhaus „Ade" zur Erde und kroch weiter bis zur Sternenstraße und von dort aus zum Mond. Aber auch da suchte und suchte er vergeblich. Nun blieb nur noch die Sonne. Ohnhaus hangelte sich auf einem Sonnenstrahl entlang und schwang sich hoch bis zur Sonne. Doch als er sie nach den Schildkrötenpanzern fragte, entgegnete sie nur: „Du bist viel zu weit gekrochen. Suche bei dir", sprach's und sandte ihm einen Strahl, der Ohnhaus wieder auf die Erde geleitete – mitten auf seine Wiese.

Grübelnd kroch Ohnhaus dahin. „Suche bei dir", hatte die Sonne gesagt. „Suche bei dir." Immer langsamer bewegte sich Ohnhaus vorwärts, um über den Satz der Sonne nachzudenken, bis er schließlich innehielt. Er verharrte regungslos und blickte und horchte und spürte in sich hinein. Ganz in sich versunken, hatte er auf einmal die Vision, dass er einen mächtigen Panzer auf seinem Rücken trug und dass er inneren Frieden und Ruhe unter seinem Schutzdach fand.

Und wie er so dalag, versunken, in sich schauend und seiner inneren Stimme lauschend, bemerkte er auf einmal, wie Stück um Stück ein Panzer auf seinem Rücken wuchs, immer größer und höher. Erst wollte Ohnhaus seinen Augen nicht trauen. Vorsichtig lugte er noch einmal auf seinen Rücken, und – zum Glück – der Panzer war noch da.

Nun ließ es sich Ohnhaus nicht nehmen und kroch zufrieden in sein Haus hinein. Gemächlich räkelte er sich in seiner lang ersehnten Behausung und sprach vor sich hin: „Bis zur Sonne musste ich kriechen, bis zur Sonne. Es war eine lange Reise, die Reise zu mir selbst. Nun bin ich angekommen, bin bei mir zu Hause angekommen – in meinem Obdach der Gelassenheit."

Quast · Metaphorische Geschichten für die pädagogische Praxis

Winfriedes Aufbruch

Dies ist die Geschichte von Winfriede, der Seidenspinne. Winfriede lebte einst auf dem dritten Brombeerstrauch im Großen Garten des Wachstums. Jeden Tag war sie damit beschäftigt, ihre Netze auszulegen. Emsig spann sie Tag für Tag, Woche für Woche und Monat für Monat. Es machte ihr Freude, immer neue Fleckchen auf ihrem Strauch zu erkunden und sie mit einem silbergrauen, seidenen Geflecht zu verzieren. Sie fühlte sich wie eine einzigartige Künstlerin, eine Künstlerin, die ständig Neues schuf: Netze, wie aus feiner Zuckerwatte gemacht.

Doch nach und nach verschwand der Brombeerstrauch unter dem Flechtwerk. Winfriede fand kaum noch ein Plätzchen, das nicht schon ein kunstvolles Gewebe schmückte. So wusste sie sich bald nicht mehr anders zu helfen, als neue Netze über die bereits gewobenen zu spinnen.

Schließlich aber bemerkte sie, dass sie sich in ihrem eigenen Kunstwerk immer mehr verirrte und verfing. Dann, eines Tages, musste sie feststellen, dass sie sich selbst völlig eingesponnen hatte. Wie sehr sie sich auch mühte und nach einem Ausweg suchte, sie war und blieb gefangen, gefangen in ihrem eigenen Netz. Da fing Winfriede an zu weinen und zu klagen: „Ach, wie bedauernswert bin ich doch. Ich, die einst große Spinnerin, bin am Ende mit meiner Kunst." Traurig schloss sie ihre Augen und verharrte regungslos.

Sie wusste nicht, wie viel Zeit vergangen war, als jemand sacht an ihrem Netzwerk rüttelte. Sie öffnete ihre Augen einen Spalt breit und sah die unklaren Umrisse einer großen Spinne vor sich. Und als sie ihre Augen weit auftat, erkannte sie die greise Spinne vom Fernen Olivenbaum. Diese war in ihrem Leben viel herumgekommen. Sie hatte ihre Netze an den entlegensten Orten gesponnen und war für ihre Weisheit und Erfahrung überall bekannt.

Bedächtig fing sie an zu reden: „Als ich so alt war wie du, ist es mir einmal ähnlich ergangen. Eines Tages gab es kein Vorwärts mehr. Ich bewegte mich nur noch im Kreis, bis ich endgültig stillstand. Ich kann mich noch genau erinnern, wie mir zumute war. Da ich mich verfangen hatte, fand ich genügend Zeit, um nachzudenken. Höre nun meine Erkenntnis", sprach die Spinne. „Wer ständig auf der Stelle spinnt, wird Gefangener seiner eigenen Netze. Aber gefangen zu sein, ist nur ein Zeichen. Ein Zeichen dafür, dass es an der Zeit ist, sich zu befreien und aufzubrechen. Ich habe damals hart gekämpft und fand schließlich die Kraft, mich aus meiner Verstrickung zu lösen. Dann ging ich weg, um neu zu beginnen."

Als die greise Spinne schon längst verschwunden war, sann Winfriede noch immer über ihre Geschichte nach. Vom Ausbrechen hatte sie gesprochen und vom Neubeginn. „Sollte ich es versuchen?", fragte sie sich wieder und wieder. „Ob es mir wohl gelingt?" Nach langem Grübeln fasste sie schließlich den Entschluss: „Ich muss es wagen! Ich muss es wagen, mir und meiner Kunst zuliebe."

Dann spannte sie ihre Glieder, und sie wurden zu Schwertern. Mit Wucht zerschlug sie das Netz, das sie einst gesponnen hatte und das sie nun gefangen hielt. Sie zerschmetterte ihr einstiges Lebenswerk. Dann wob sie einen Faden, so stark wie ein Seil, und hangelte sich daran hinab. Es war ihr, als flöge sie durch die Luft, als segelte sie befreit davon – einer neuen, unentdeckten Welt entgegen.

Literaturverzeichnis

Bettelheim, B. (1980): Kinder brauchen Märchen. dtv, München

Bongartz, W./Bongartz, B. (2000): Hypnosetherapie. Hogrefe Verlag, Göttingen

Born, M. (1986): Der Markt der didaktischen Konzepte. In: Dinges, O./Born, M./Janning, J. (Hrsg.): Märchen in Erziehung und Unterricht. Erich Röth Verlag, Kassel, S. 30–41

Drewermann, E. (1991): Die kluge Else. Rapunzel. Grimms Märchen tiefenpsychologisch gedeutet. Walter Verlag AG, Olten

Gordon, D. (1990): Therapeutische Metaphern. Jungfermann Verlag, Paderborn

Hesse, H. (1995): Eigensinn macht Spaß. Individuation und Anpassung. Suhrkamp Verlag, Frankfurt a.M.

Hutterer, R. (1998): Das Paradigma der Humanistischen Psychologie. Entwicklung, Ideengeschichte und Produktivität. Springer-Verlag GmbH, Heidelberg

Jerusalem, M./Klein-Heßling, J. (2002): Soziale Kompetenz. Entwicklungstrends und Förderung in der Schule. In: Zeitschrift für Psychologie 113, S. 164–175

Jerusalem, M./Mittag, W. (1994): Gesundheitserziehung in Schule und Unterricht. In: Zeitschrift für Pädagogik 40, S. 851–869

Kast, V. (2003): Trotz allem Ich. Gefühle des Selbstwerts und die Erfahrung von Identität. Herder Verlag, Freiburg

Kraak, B./Nord-Rüdiger, D. (1989): Fragebogen zu Lebenszielen und zur Lebenszufriedenheit. Hogrefe Verlag, Göttingen

Krapp, A./Weidenmann, B. (2006): Pädagogische Psychologie. Verlagsgruppe Beltz, Weinheim

Lankton, C./Lankton, S. (2000): Geschichten mit Zauberkraft. Die Arbeit mit Metaphern in der Psychotherapie. 5. Auflage. Klett-Cotta Verlag, Stuttgart

Lückel, R. (1979): Gestalttherapeutische und integrative Arbeit mit Märchen. Junfermann-Verlag, Paderborn

Maslow, A. H. (2002): Motivation und Persönlichkeit. Rowohlt Taschenbuch Verlag, Reinbek

Peseschkian, N. (1999): Das Geheimnis des Samenkorns. Fischer Taschenbuch Verlag, Frankfurt a.M.

Petzold, H. (1973): Gestalttherapie und Psychodrama. Nicol Verlag, Kassel

Quast, U. (2011): Lernermerkmale, Lernertypen, Lernverhalten. Peter Lang Verlagsgruppe, Frankfurt a.M.

Quast, U. (2005): Phantasiereisen. Eintauchen in die Welt unserer Vorstellungen und Empfindungen. 3. Auflage. Verlag Peter Grohmann, Stuttgart

Revenstorf, D./Peter, B. (2001): Hypnose in Psychotherapie, Psychosomatik und Medizin. Springer-Verlag GmbH, Heidelberg

Schleicher, A. (2007): Vortrag zur individuellen Förderung (gehalten auf dem bildungs-politischen Kongress in Essen am 3.2.2007). URL: http://blog.kooperatives-lernen.de/bildungspolitisches-symposium-zur-individuellen-forderung/. Zugriff: Juli 2010

Speer, N. K./Reynolds, J. R./Swallow, K. M./Zacks, J. M. (2009): Reading Stories Activates Neural Representations of Visual and Motor Experiences. Psychological Science

Spitzer, M. (2007): Lernen. Gehirnforschung und die Schule des Lebens. Spektrum Verlag, Heidelberg

Trenkle, B. (2002): Die Löwen-Geschichte. Hypnotisch-metaphorische Kommunikation und Selbsthypnosetraining. Carl-Auer Verlag, Heidelberg

Zeig, J. (1980): A teaching seminar with Milton H. Erickson. Brunner/Mazel, Levittown

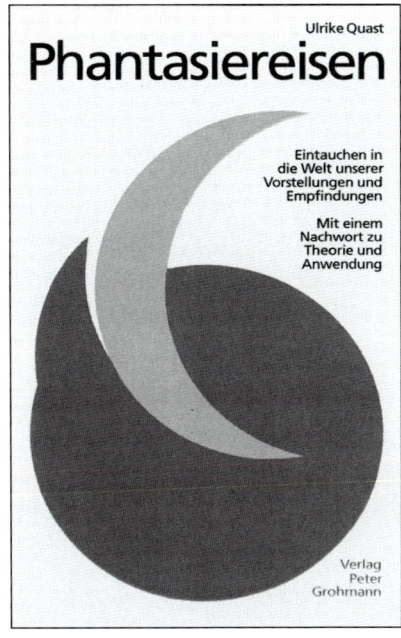

Phantasiereisen

Eintauchen in die Welt unserer
Vorstellungen und Empfindungen

84 Seiten
Verlag Peter Grohmann
3. Auflage, Stuttgart 2005
ISBN 3-927340-56-1

Fantasy Journeys

84 Seiten
Verlag Peter Grohmann
Stuttgart 2004
ISBN 3-927340-66-9

Leichter lernen mit Musik

Theoretische Prämissen und
Anwendungsbeispiele für Lehrende
und Lernende

184 Seiten
Verlag Hans Huber
Bern 2005
ISBN 3-456-89209-0

Lernermerkmale, Lernertypen, Lernverhalten

Aspekte der differentiellen
Lernpsychologie
für Lehrende und Lernende

Peter Lang Verlagsgruppe
Frankfurt a.M. 2011